editionbóhlissimo

Ernst Grissemann / Hans Veigl (Hg.)

Testbild, Twen und Nierentisch

Unser Lebensgefühl in den 50er Jahren

Böhlau Verlag Wien · Köln · Weimar

Die Deutsche Bibliothek – CIP-Einheitsaufnahme
Ein Titeldatensatz für diese Publikation ist bei
Der Deutschen Bibliothek erhältlich

ISBN 3-205-99382-9

© 2002 by Böhlau Verlag Ges. m. b. H. und Co. KG, Wien · Köln · Weimar
http://www.boehlau.at

Umschlaggestaltung: Andreas Burghardt

Gedruckt auf umweltfreundlichem, chlor- und säurefreiem Papier.

Druck: MANZ CROSSMEDIA, 1051 Wien

Inhalt

* Namentlich nicht gekennzeichnete Beiträge stammen von Hans Veigl

Ernst Grissemann

Die fünfziger Jahre

Ein Vorwort

Die fünfziger Jahre haben wahrlich ein großes Getöse gemacht. Die Echos werden leiser, schließlich sind mehr als vierzig Jahre seit ihrem Ende vergangen. Bei schnellem Erinnern fallen mir drei von unzähligen Ereignissen ein, die dieses Jahrzehnt illustrieren: Der amerikanische Präsident Harry S. Truman rief 1950 den Notstand in den USA aus, der deutsche Bundeskanzler Adenauer überlegt mit seinen Wirtschaftsberatern, die Volkswagenwerke zu privatisieren, und der wirklich fade Willy-Forst-Film „Die Sünderin" mit Hildegard Knef in der Titelrolle provoziert hier und in Deutschland wütende Proteste der noch immer lebendigen Moralhüter. Er wird dadurch – künstlerisch völlig unbegründet – zum Kassenschlager.

Für einen, der während der fünfziger Jahre die letzte Strecke seiner schulischen Ausbildung absolviert hat, die Maturaprüfungen erlitten und dann das entsprechende Attest mit Stolz und Freude in Empfang genommen hat, für den all die Seltsamkeiten und Fährnisse dieses Jahrzehnts einmal Alltag waren, der empfindet das Gefühl der Nostalgie, wenn er daran zurückdenkt.

Nostalgie ist ein in Wehmut gewickeltes Wohlgefühl, das sich im vorliegenden Fall vor allem daraus ergibt,

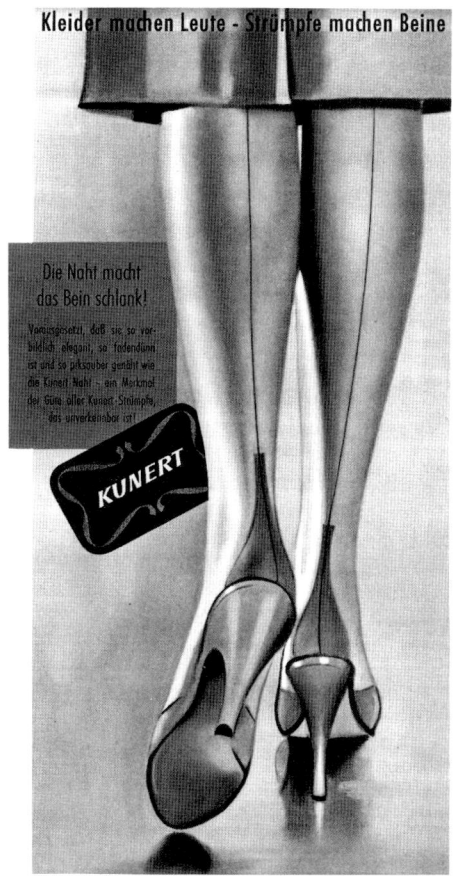

„Strümpfe machen Beine"

daß man noch jung genug ist, um die schrecklichen vierziger Jahre zwar miterleben, aber nicht miterleiden zu müssen.

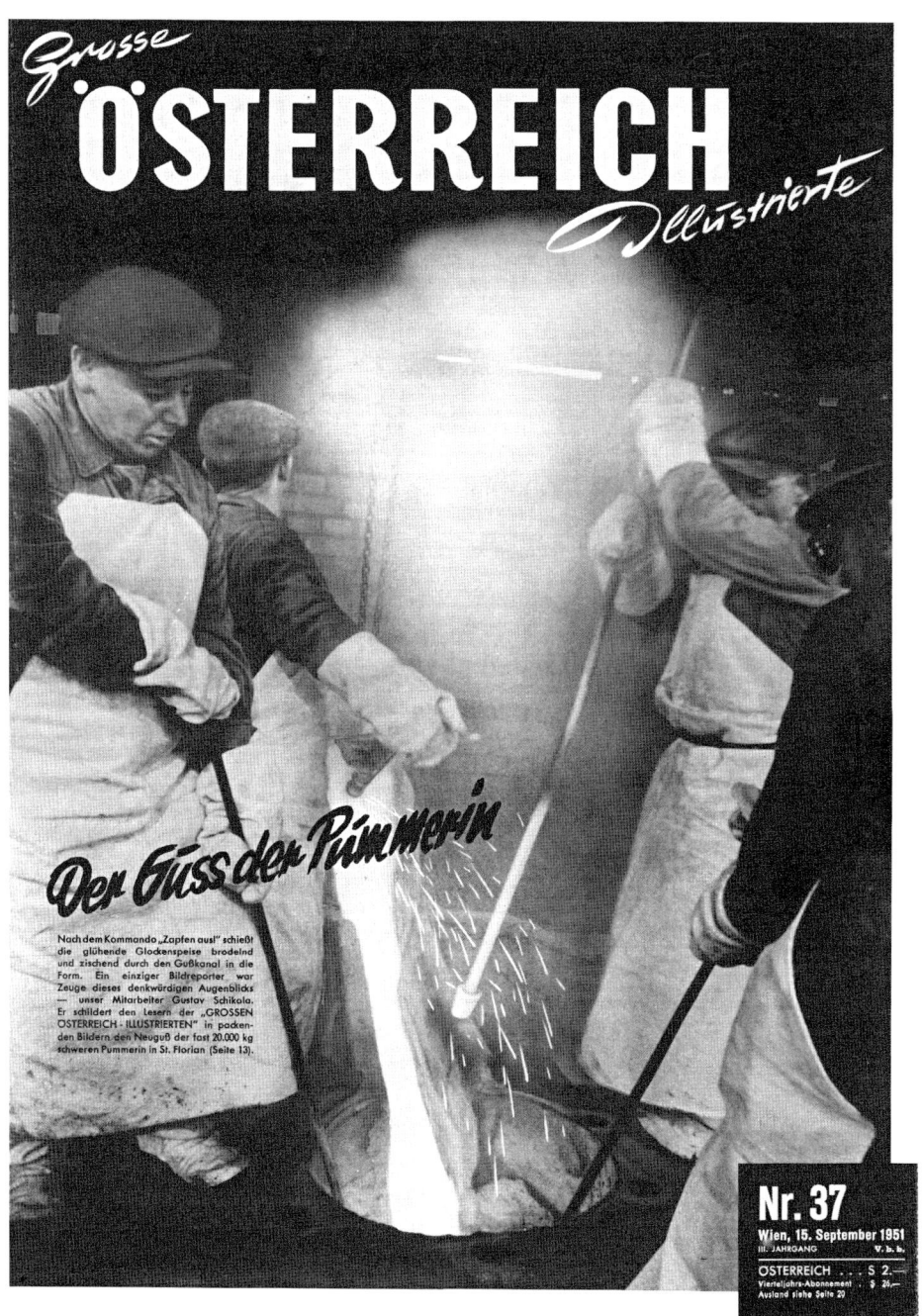

Grosse

ÖSTERREICH

Illustrierte

Der Guss der Pummerin

Nach dem Kommando „Zapfen aus!" schießt die glühende Glockenspeise brodelnd und zischend durch den Gußkanal in die Form. Ein einziger Bildreporter war Zeuge dieses denkwürdigen Augenblicks — unser Mitarbeiter Gustav Schikola. Er schildert den Lesern der „GROSSEN ÖSTERREICH - ILLUSTRIERTEN" in packenden Bildern den Neuguß der fast 20.000 kg schweren Pummerin in St. Florian (Seite 13).

Nr. 37

Wien, 15. September 1951

III. JAHRGANG   V. b. b.

ÖSTERREICH . . . S 2.—
Vierteljahrs-Abonnement . . S 24.—
Ausland siehe Seite 20

DIE WELT AM NIL: Altägyptisches Transportschiff etwa 1100 v. Chr.

VIELLEICHT...

in der blauen Spiegelpackung

EINE IDEALE ORIENT-ZIGARETTE

Die geheime Währung jener Tage

Ich lebte in einer wohlbehüteten Kindheit, die mich fernhielt von den inneren und äußeren Zusammenbrüchen dieser Jahre. Und als mir der Knopf aufging, waren schon die Fünfziger angebrochen. Die Fifties, das waren die Jahre der beginnenden Neuorientierung, die Jahre, in denen jungen Menschen wieder allerlei Freiheiten angeboten wurden und in denen vieles neu bewertet wurde.

Natürlich ging der Wertewandel nicht von heute auf morgen vonstatten. Doch gleich, nachdem die Jahre der reinen Existenzsicherung nach dem Ende des Weltkriegs vorbei waren, begann sich der Mensch wieder auf seine Beine zu stellen und den Ausblick auf die ungewohnten Gefilde demokratischen Zusammenlebens zu genießen.

Die Kriege, die von den Franzosen in Indochina und von den Amerikanern in Korea geführt wurden, waren weit weg und waren für uns Teenager und Twens nicht halb so interessant wie etwa die musikalischen Umbrüche, die uns aus den gelobten Ländern der USA erreichten: Wenn auch das Epizentrum dieses kulturellen und liberalen Erdbebens 4000 Kilometer westlich lag, seine Ausläufer erschütterten uns nachträglich.

Erst war's der Jazz und dann der Rock 'n' Roll, die uns die „Blaue Nacht im Hafen" oder „Die Caprifischer" gründlich aus dem Bewußtsein operierten. Die Musik, die uns Mitte der Fünfziger aus dem Land der unbegrenzten Möglichkeiten erreichte, führte uns endgültig aus den anerzogenen Gehorsamsmustern in eine freie Welt.

Farbenfrohe Freizeitkultur

Daß wir mit der wachsenden und durchaus ungewohnten Freiheit auch in die Pflicht der Eigenverantwortlichkeit genommen wurden, hat uns in den fünfziger Jahren noch kein so großes Kopfzerbrechen bereitet wie nach dem Eintritt ins echte Erwachsenenalter.

Doch da waren die Fünfziger schon wieder vorbei.

Ich danke allen Autoren und Mitarbeitern, die sich für dieses Buch engagiert haben.

Der Schlager des Monats: VAYA CON DIOS • Inhalt: Mit Furi auf der Wiener Herbst- messe • Atelierberichte • Einfach grotesk • Mode • Radioprogramm • Radiopraktiker • Humor • Rätsel | 10. Jahrg., Nr. 39 | 25. Sept. 1954 | S 1·50

Funk und Film

30 JAHRE RUNDFUNK IN ÖSTERREICH
(SIEHE UNSERE REPORTAGE SEITE 8/9)

FERNSEH G·M·B·H

Louise Martini, die bekannte Schauspielerin und Kabarettistin, vor einer modernen Fernsehkamera bei der Jubiläums-Ausstellung „30 Jahre Rundfunk in Österreich" 1954 im Wiener Künstlerhaus

Erinnerungsreise in eine entschwundene Welt

Teenager, Testbild und Tanzstunde

D er Schnee war noch weiß und der Postautobus gelb. Das Konsumangebot gestaltete sich noch etwas farblos, in Häusern und Wohnungen war es zumeist empfindlich kalt, und dennoch: Im Rückblick waren die Jahre dieses dynamischen Aufbruchsdezenniums von vielen als durchaus gemütlich und angenehm empfunden worden. „In zehn, in zwanzig, in dreißig Jahren werden wir sagen: Erinnert ihr euch noch?" schrieb der wache Zeitkritiker Hans Weigel vorausblickend im Jänner 1959 in der längst vergilbten Zeitschrift „Heute". „Und dann wird jeder – und jeder mit Recht – auf besondere Vorzüge und Annehmlichkeiten dieser unserer Zeit, der guten alten Zeit in spe, hinweisen."

Eine „Neobackhendlzeit" nannte er das Jahrzehnt an dessen Ende nicht ganz zu Unrecht. Eine Zeit, in der stille Behaglichkeit und neue Innerlichkeit in Couchecken mit frei schwingenden Stehlampen, Gummibäumen nebst Nierentischen, im Dampfkochtopf und Waschmaschine, Perlon und Petticoats, Nylonstrümpfen und Novopanplatten, Pitralon und Pez-Box, Coctail- und Tanzstunde, Festwochen und Fernse-

Waschmittelwerbung unter männlicher Hegemonie

hen, in stolz bilanzierten Wiederaufbauleistungen, im darauffolgenden Wirtschaftswunder und eben auch im „Wienerwald"-Backhendllokal ihren Niederschlag gefunden hatten.

— 15 —

Bürokleidung für die berufstätige Frau

Gerührt mag man sich auf dieser empfindsamen Reise in die Vergangenheit etwa daran erinnern, daß damals der „Dritte Mann" mit Wiens Trümmerlandschaft der vierziger Jahre im Hintergrund in den Kinos anlief, die übrigen Geschlechtsgenossen noch Hüte trugen und die Politiker bei der Einweihung äußerst unscheinbarer Autobahnteilabschnitte stets in Tracht oder schwarzen Anzügen mit silberner Krawatte für die allgegenwärtige „Austria Wochenschau" gekleidet waren, daß Frauen zwecks Zusatzeinkommen in hohem Maße berufstätig wurden und

Radion „wirklich weiß" wusch. Daß man in der beliebten Rot-Weiß-Rot-Sendung „Die große Chance" mit Maxi Böhm zahllose Waschpulverpakete gewinnen konnte, die, wie es scheint, zur geheimen Währung dieser Tage gezählt haben dürften, um schließlich jenen vielbeworbenen Waschmaschinen zugute zu kommen, die wieder dank weiblichem Zusatzeinkommen angeschafft werden konnten.

Gedenken wird man auch eines Anderl Molterer, Toni Sailer oder einer Ingrid Wendl, die damals ihre ersten großen sportlichen Siege ohne nennens-

Donnerstag, 19. Juni

DEUTSCHES FERNSEHEN

14³⁰ Aus Ascot:
Der „Tag des Goldpokals"
Höhepunkt der traditionellen
Rennwoche „Royal Ascot"
Sprecher: Heinrich Fischer
Eine Eurovisionssendung des
Englischen Fernsehens / BBC

17⁰⁰ Aus Hamburg:
Jugendstunde:
Der Doktor hat uns etwas zu sagen
Tiere als Krankheitserreger
mit Dr. Helmut Weber
(Ab 8 Jahre)

17²⁰ Jugendstunde:
Ein Mann allein quer durch Afrika
Rolf Italiaander berichtet von seiner
Expedition mit Motorrad und Kamera
(Ab 10 Jahre)

17⁵⁰ Selbst ist die Frau
Wilfried Köhnemann zeigt Angelika
Feldmann, wie wir moderne Möbel sehr
einfach selbst herstellen können

18⁴⁵ Aus Hamburg:
Fußball-Weltmeisterschaft 1958
Viertelfinale
Eine Eurovisionssendung
des Schwedischen Fernsehens / SRT

20⁵⁰ Aus Hamburg:
Tagesschau

21⁰⁵ **Der Richter von Zalamea**
von Calderon de la Barca
Personen:
König von Spanien,
Philipp der Zweite,   Gerhard Bünte
Don Lope de Figueroa,
General   Leonard Steckel
Don Alvaro de Atayde,
Hauptmann   Richard Lauffen
Pedro Crespo, ein
reicher Bauer   Alfred Schieske
Juan, sein Sohn   Volker Brandt
Isabell, seine Tochter   Katja Kessler
Ines, seine Nichte   Ursula Thomas
Don Mendo, ein armer
Landedelmann   Malte Jäger
Nuno, sein Diener   Gert Niemitz
Ein Sergeant   Theo Terklenburg
Rebolledo, Soldat   Kurt Weitkamp
Chispa, Marketenderin   Eva Bubat
Produktion: Hanns Farenburg
Szenenbild: H. U. Thormann
Regie: Konrad Wagner

Inhalt: Don Alvar, ein Hauptmann, der
mit seinem Regiment in das Dorf Zalamea einrückt, wird im Hofe des Bauern
Crespo einquartiert. Isabel, Crespos
schöne Tochter, gefällt ihm sehr. Vergeblich versucht er, sie für sich zu gewinnen. Aber einmal ist er mit ihr allein
Der verzweifelte Vater, sein Richter
im Dorf ernannt wird, fleht den Hauptmann an, seine Tochter zu heiraten und
ihr die Ehre wiederzugeben. Vergeblich.
Da fällt der Vater als Richter ein grau-
sames Urteil . . .

22²⁰ **Kleine Leute — große Reise**
2. Ziehung der Fernseh-Lotterie für
Berliner Kinder
Notarielle Aufsicht: Frau Dr. A. Pönitz
Idee und Organisation: Jochen Richert
Zehn der glücklichen Gewinner werden
eingeladen, an eine öffent-
lichen Veranstaltung des Hessischen
Rundfunks in Wiesbaden am 21. Juni
in Empfang zu nehmen

SAAR: 19.00 Wetterdienst und Tagesschau,
19.15 Demnächst — die kritische
Filmvorschau, 19.35 Totovorschau, 20.00 Tagesschau, 20.15 Höhepunkte der Boxgeschichte,
20.30 Spielfilm: Die Nacht in Venedig, 22.00
Tagesschau-Wiederholung.

ÖSTERREICH

18⁴⁵ Fußball-Weltmei-
sterschaft 1958
Viertelfinale
Eurovision aus Schweden

20⁵⁰ Aus unserem
Filmprogramm

21⁰⁰ Übertragung vom
Deutschen Fernsehen
(NWRV):
Der Richter von
Zalamea
Von Calderon
Anschließend
Zeit im Bild

SCHWEIZ

18⁵⁰ Fußball-Weltmei-
sterschaft 1958
Viertels-Final
Eurovision aus Schweden

20⁵⁰ Tele-Journal
mit Wettervorhersage

21⁰⁰ Der Richter von
Zalamea
Schauspiel von
Calderon de la Barca
Übertragung vom Deut-
schen Fernsehen (NWRV)
Anschließend:
Nachrichten
und Tele-Journal
(Wiederholung)

„Wieder so ein mieses Abend-
programm!"

DEUTSCHER FERNSEHFUNK (OST)

16⁰⁰ Kinderstunde:
Was kann am Dorfteich
schon geschehen?

19⁰⁰ Unsere
Sportstafette

19³⁰ Die Woche im
Bildschirm
Programmvorschau

20⁰⁰ Die aktuelle
Kamera

20²⁰ Wilhelm Rochnow
ärgert sich
Ein Fernsehspiel von
Günter Görlich

Freitag, 20. Juni

DEUTSCHES FERNSEHEN

17⁰⁰ Aus Köln:
Kinderstunde:
Zehn Minuten mit Adalbert Dickhut
(Ab 6 Jahre)

17¹⁰ Kleiner Modekurs für Teenager
Eine Sendung mit Dr. Marianne Stradal
und Marlene Esser

17³⁵ Für die Frau:
2007 Jahre
Chinesische Handmalerei
Wir stellen vor:
Frau Dr. Chow-Chung-Cheng

REGIONALPROGRAMM

18⁴⁵ Aus München: **Die Abendschau**
19⁰⁰ Frankfurt, Baden-Baden,
Stuttgart: **Die Abendschau**
Aus Köln: **Hier und Heute**
19¹⁵ Aus Hamburg: **Die Nordschau**
Aus Berlin: **Sie schreiben mit**
19²⁵ München, Frankfurt,
Baden-Baden: **Das kleine Artisten-
hotel**

20⁰⁰ Aus Hamburg:
Tagesschau
Anschließend ein Filmbericht von der Fuß-
ball-Weltmeisterschaft 1958 in Schweden

20²⁵ Wetterkarte

20³⁰ 40 DM Kopfgeld
Zehn Jahre Währungsreform
Eine Sendung von Dr. Julia Nusseck

21¹⁵ Aus Berlin:
Die Drehbühne
Heiteres in Szenen und Versen
von Kurt Paqué

Mitwirkende:
Maria Axt, Anne Bruck, Ruth Nimbach,
Gisela Schlüter, Inge Wolffberg, Valen-
tin Klaus, Jo Herbst, Sigurd Lohde, Axel
Monjé, Horst Niendorf, Rudi Stör,
Achim Strietzel, Herbert Weissbach
Musik: Olaf Bienert
Szenenbild: Walter Hallerstede
Regie: Hans-Waldemar Bublitz

21⁴⁵ Filmstadt Berlin
Zusammenstellung: Berthold Ebbecke
Leitung der Sendung: Reinhard Elsner

SAAR: 19.00 Wetterdienst und Tagesschau,
19.40 Bauen — aber wie? 20.00 Tagesschau, 20.15 Sport der Woche — ein Filmrück-
blick auf das Sportgeschehen, 20.30 Spielfilm:
Paradies der Frauen, 22.00 Tagesschau-Wiederholung.

ÖSTERREICH

20⁰⁰ Zeit im Bild
Unser aktueller Dienst
berichtet

20¹⁵ Der Fenstergucker
Unsere Fernsehillustrierte

21⁰⁰ Schlagerbummel I

21³⁰ Sonntagsmaler —
Sonntagsdichter
Plauderei zu Bildern

21⁵⁰ Zeit im Bild
Unser aktueller Dienst
berichtet
(Wiederholung)

SCHWEIZ

20¹⁵ Tele-Journal
mit Wetter021vorhersage

20³⁰ Komm und sieh die
Welt
Fortsetzung des Reisebe-
richtes von Gabrielle Bertrand über Hinterindien

21⁰⁰ Das kleine Porträt
am Piano: Irving Berlin
Eine Sendung mit
Giovanni Pelli
Text: Arthur Goepfert
Leitung: Robert Näf

21²⁰ Fürio . . .!
Praktische Winke zur Ver-
hütung von Brandfällen

21³⁰ Nachrichten
und Tele-Journal
(Wiederholung)

„Liebe Hörerinnen und Hörer –
die nächste Diskussion
zwischen . . .!"

DEUTSCHER FERNSEHFUNK (OST)

19⁰⁰ Jugendstunde:
Hier spricht Tellux
4. Folge

20⁰⁰ Die aktuelle
Kamera
Berichte aus dem Zeit-
geschehen

20²⁵ Das Haus des
Mandarins
Ein chinesischer Film nach
dem Roman „Die Familie"
von Badjin

Fernsehprogramm, *Bravo*, Ausg. Juni 1958

Versuch's mit mir!

**Billig — dazu in halber Zeit
schaff' ich im Hause Sauberkeit!**

Presto leistet so viel und kostet so wenig! Ein Eßlöffel voll für 10 Groschen gibt dem Abwaschwasser eine kaum glaubliche Lösungs- und Reinigungskraft. Ob man Presto zum Geschirrabwaschen oder für andere Reinigungsarbeiten verwendet, immer wird der Schmutz, auch wenn er noch so fettig ist, blitzschnell gelöst. Alles, was man mit Presto wäscht, trocknet glänzend allein — jedes Abtrocknen ist überflüssig.

Ich bin

Presto
die schnelle Abwaschhilfe!

**Auch zum Einweichen
ganz ausgezeichnet**

3 - 164

werte finanzielle Erfolge feiern und den leistungsunwilligen Teenagern als pädagogisches Vorbild entgegengehalten werden konnten. Zurückblickend registriert man, daß das neue Kofferradio „Frohsinn" genannt wurde und der Wiener Rundfunk mit seinen zwei Programmen lange viergeteilt war wie die Stadt selbst. Entsinnen wird man sich, daß sich damals das Fernsehen nur zögerlich durchzusetzen begann, um schließlich desto rascher koalitionäres Streitobjekt im, wie es Hans Weigel nannte, „Kampf um die Schirmherrschaft" zu werden. Daß Besatzung und kalter Krieg ihre langen Schatten über das Land warfen und die Bewegungsfreiheit bis zum schließlich erreichten Staatsvertrag entschieden einengten. Daß ein Lohner-Roller zum begehrten Jugendtraum zählte, der Motorradbeiwagen „von Weltklasse" auf den Namen „Rekord" hörte und der Puch 500 mit den Worten „Groß bei kleinen Maßen" auf der Wiener Messe beworben wurde. Daß die Fluglinie mit dem optimistischen Namen AUA an einem 1. April ihren Jungfernflug ankündigte, neben Coca-Cola auch Marken wie Chabesade, Taxi-Kola und Sinalco zur gehobenen Soft-Drink-Kultur zählten. Daß Peter-Kraus- und Conny-Fans, die Anhänger des lachenden Vagabunden und des heimwehkranken Seemanns, die Leser von „Bravo", Elvis-Presley- und Bill-Haley-Hörer, die Benützer der Wurlitzer-Musikautomaten und der „Hornyphon"-Heimplattenspieler erstmals eine eigenständige soziale Jugend-

SCHERK

Demnächst
heiratet sie den Chef...

Entscheidend für den Erfolg einer Frau – im Beruf wie in der Liebe – sind immer ihr Aussehen und die echte, natürliche Schönheit ihres Gesichts, vor allem der Zauber eines reinen, gepflegten Teints, wie ihn Scherk Gesichts-Wasser so mühelos erzeugt. Seine erstaunliche **Sofort-Wirkung** zeigt sich im Augenblick der Anwendung: im Nu dringt es tief in Poren und Untergrund der Haut ein, löst alle Unreinheiten und Ablagerungen, erfrischt, kühlt und belebt jede einzelne Hautzelle und macht den Teint wundervoll rein und gleichmäßig! Machen Sie die Probe auf's Exempel – den „untrüglichen Scherk-Test"!

DER UNTRÜGLICHE SCHERK-TEST

◊ Zunächst das Gesicht auf übliche Weise reinigen, bis es wirklich „sauber" ist.
◊ Sodann Wattebausch mit Scherk Gesichtswasser tränken, Gesichtshaut massieren.
◊ Wattebausch wird dunkel - die Haut schimmernd klar. Angenehm erfrischende Wirkung.

**Scherk
Gesichts-
Wasser**

Flaschen von S 15·50 an – Taschenflasche S 8·50

Frauenrollen und Männerwünsche

schicht zu bilden begannen, der freilich wieder viele ältere Mitbürger militant ablehnend gegenüberstanden. Daß sich das Kabarett der Jugendproblematik in Form des „G'schupften Ferdl" und des „Wilden auf seiner Maschin" widmete und daß neues Leben aus den Ruinen blühte, wenngleich avantgardistische, ans Ausland orientierte Kunst lange Jahre ein Kellerdasein fristen mußte. Hinweisen könnte man darauf, daß damals eine nie zuvor gekannte Massenkonsumwelle anlief, Motorisierung und Mobilisierung ein bis dahin unbekanntes Ausmaß erreichten und Stadt und Land radikal zu verändern begannen.

Und erinnern wird man sich möglicherweise auch daran, daß in dieser guten alten Zeit das kleine Glück im stillen Beharren häufig auch kulturelle Immobilität wie eine alles verschlingende, bleierne Friedhofsruhe mit einschloß.

Die Illustrierten, die Filme und Schlager jener Jahre übten sich stellvertretend in Eskapismus und Exotik, doch bald wurden aus fremden Bilderwelten angeeignete Weltenbilder, und diese veränderten rasch den eigenen, anfangs noch kargen Lebenshorizont. Man bereiste Italiens Adriaküste oder Dalmatiens Strände und selbst Travnicek, die

Anbaumöbel fürs neue Eigenheim

kabarettistische Schöpfung des mißlaunigen Österreichers von Carl Merz und Helmut Qualtinger, packte jetzt unter dem Druck lockender Werbung und dem Versprechen verbilligter Gesellschaftsfahrten widerwillig seine Koffer. „Wann mi des Reisebüro net vermittelt hätt" wird nun zum geflügelten Wort unter jenen, dem Neuen gegenüber stets aufgeschlossenen Österreichern, die als Gruppenpauschalreisende, allein unter lauter Landsleuten, sich im Ausland als Fremde fühlend, nicht unkritisch bald sämtliche exotische Reize des Mittelmeeres ersatzlos gegen bodenständige Getränke und Küchenprodukte einzutauschen erhofften.

Auffallend eifersüchtig gehütet wurden hingegen allerlei prestigeträchtige Demonstrationsobjekte gelebter Weltbürgerlichkeit, wie geleerte Chiantiflaschen, das Großglockner-Abziehbild auf der Autoheckscheibe, der Mariazeller Dom in der Schneekugel, die illuminierte venezianische Gondel auf dem Fernsehapparat oder das hoteleigene Badetuch. Derartige symbolträchtige Sehnsuchtsferne paarte sich oftmals im deutschen Schlager wie im realen Leben mit ihrem komplementären Gegensatz, dem nagenden Heimwehgefühl, und so machte sich dann auch der Tourismus hierzulande deutlich bemerkbar. Kein Ort, nirgendwo, wird sich nunmehr den

Musterwohnung 1958

drückt das Wort Wiederaufbau die Ambivalenz dieser Zeit deutlich aus: Noch war im Spannungsfeld zwischen kultureller Tradition und Wandel nicht eindeutig entschieden, wohin man gehen sollte, ob Restauration oder Neubeginn blieb in den fünfziger Jahren vielfach ungeklärt. Zwar setzten manche auf eine durch Marshallplan und US-Kulturimporte vermittelte Moderne, doch gab es auch jene, die ihr Österreichertum in der Pflege tradierter Hochkultur bewahrt wissen wollten, die Populärkultur, Jazz und Rock and Roll wortreich verdammten, das Volk der Tänzer und Geiger und das Idealbild traditioneller Familien- und Geschlechterbeziehungen bei jeder sich bietenden Gelegenheit aufleben ließen. Und Gelegenheiten gab es viele.

Diese wieder machen bekanntlicherweise Diebe, und so zählte die breite Berichterstattung voll diebischer Freude über aufsehenerregende Kriminalfälle, wie Eigentumsdelikte im Wiener Staatsarchiv oder die zahlreichen Morde inmitten des beginnenden Massenkonsums, zu den großen Zerstreuungen dieser Ära, wobei die daran anschließende öffentliche Moral durchaus an dementsprechende Erfahrungen der Vergangenheit anzuknüpfen vermochte.

Anforderungen des beginnenden Massenfremdenverkehrs engherzig verschließen, und so mögen die Worte des Dienstmannes Horneck, gesprochen in Franz Grillparzers „König Ottokars Glück und Ende" anläßlich der Wiedereröffnung des Burgtheaters im Herbst 1955, mit dem Verschweigen der eigenen Meinung eine Art Nationaltugend im Dienste des heimischen Gastgewerbes gestiftet haben: „Da tritt der Österreicher hin vor jeden. Denkt sich sein Teil und läßt die andern reden."

Wiedereröffnung und Wiederaufbau lauteten dann auch die dynamischen Schlüsselbegriffe jener Jahre, mit dem man das Eigenheim Österreich auf ein neues Fundament stellen wollte, doch

Das Jahrzehnt wird schließlich von einer kulturellen Restauration wie von zukunftsfrohem Wandel gleichermaßen geprägt sein. Zur Integration beider Tendenzen bedurfte es jedoch eines einigenden Willens, auf dem diese Repu-

Teenagerparty mit Rock 'n' Roll-Tänzern

blik errichtet werden konnte. Konsens-
bildung um die Mitte mittels Großer
Koalition, Aufbauleistungen als Erfolgsstory, ein stetig wachsendes Konsumangebot sowie zunehmender Wohlstand
bildeten dabei die statisch notwendigen
Fundamente an diesem filigranen Bau-
werk.

Unsere Erinnerungsreise in den Alltag der fünfziger Jahre soll jedoch unbelastet von allzu kritischen Überlegun-
gen stattfinden. Mit leichtem Gepäck
können auf den folgenden Seiten rasch
jene Jahre memorierend durchschritten
werden, wobei lediglich die unterdessen längst kanonisierten Bilder der öffentlichen Erinnerung an diese „gute
alte Zeit" ein wenig hinterfragt bezie-
hungsweise persönlichen Erfahrungen
und dem subjektiven Erlebnis von Ver-

änderung und Wandel gegenübergestellt werden sollen, um uns schließlich die damals stattgefundenen zahlreichen mentalen wie materiellen Eingriffe in die Alltagswelt nachträglich noch einmal ins Gedächtnis zu rufen.

Eigentümlich nur war die Geschwindigkeit, mit der all dies geschah. Mitgerissen von diesem rasch ablaufenden, unumkehrbaren Prozeß der Umgestaltung von nunmehr endgültig verlorenen Lebenswelten, durch Höhen und Tiefen, Wunder und Schrecken hindurch, blieb uns nichts erspart und mußten wir am Ende auf nichts ver-

zichten. Und so mag die schnelle Fahrt durch die Zeit den kritischen Leser und die geneigte Leserin ein wenig an jene Geisterbahn erinnern, die Anfang der fünfziger Jahre im Wiener Prater wiedererstanden war und heute keinen mehr ängstigt. Das abschreckende Gerippe von der Geisterbahn war damals im Hauptberuf Eisengießer. Er habe im Laufe des Krieges, verriet er damals einem Zeitungsreporter, den Tod so oft in die Augen gesehen, daß er ihn nicht mehr fürchte. Der Tod, das war sein Nebenberuf für 3 Schilling 50 die Stunde und half ihm, das Leben eines Ausgebombten und Heimtlosen etwas leichter zu ertragen. Doch wie bei so vielem ist auch die Wandlung der Zeit nicht spurlos am Prater vorübergegangen. Der Hutschenschleuderer, jener „Liliom" der Aufbaujahre, der Ausrufer des Nachtkabaretts, der Watschenmann, das Kasperltheater und die bunten Luftballons sind längst vergessen. Die Pratermelodie dieser Tage war eine schlichte Weise voll kleiner, entschwundener Vergnügungen wie Ringelspiel und Geisterbahn, in der damals der Tod für 3 Schilling 50 die Stunde mitfuhr.

Dies alles tauschten wir in dem langen Jahrzehnt gegen neue, moderne Lebenswelten samt Lohnerhöhungen und Produktionssteigerungen ein. Nunmehr waren Eisengießer auf Kosten des schattenwirtschaftlich betriebenen Todes und im Zeichen des Wiederaufbaus wieder gefragt, die Ängste eines Jahrzehnts wurden von den Anfängen des Wohlstands überdeckt, und eine allseits verpflichtende Gemütlichkeit im Neobiedermeier war entstanden, deren besondere Vorzüge und Höhenflüge wir dann rückblickend nicht zu Unrecht als angenehm, wenngleich ein wenig abgründig empfunden haben.

Der Bildungsdrang ist in jedem jungen Menschen gegeben, er darf nur nicht durch schlechten Einfluß verschüttet werden, sondern muß vielmehr in jeder Weise eine Förderung finden. So darf die Freizeit nicht durch Müßiggang ausgefüllt werden, er ist die Wurzel allen Übels. Den jungen Menschen bieten sich vielerlei Möglichkeiten zu wertvoller Betätigung, so etwa Laienspiele in Jugendtheatern. ▶

„Wege der Jugend" laut *Großer Österreich-Illu-strierten*:

Links: Weiterbildung durch wertvolle Beschäftigung in der Freizeit

Mitte: Burschen und Mädchen, die durch schlechten Einfluß vom „rechten Weg" abweichen

Unten: Film und Schundliteratur: „Der Anfang des Wegs in die Untiefen der Unmoral"

DER ANFANG des Wegs in die Untiefen der Unmoral ist in den meisten Fällen der schlechte Film. „Die Jagd nach Dillinger", die „Sünderin", kurz Filmstreifen, die sich an die niederen Instinkte richten und in denen Mord, Raub und Diebstahl das Motiv darstellen, üben oft verheerende Wirkung aus. Die Schundliteratur vervollständigt, was dem Film etwa noch nicht gelungen ist.

Zeit der Reife

Vom „Halbstarken" zum ganzen Konsumenten

Es war nicht leicht, damals ein Jugendlicher zu sein.

Nicht allzu häufig war eine ganze Generation derart kollektiv unter das Verdikt moralischen Fehlverhaltens gestellt worden, wie dies den Heranwachsenden in den fünfziger Jahren geschah. „Schund gibt es an allen Kiosken in reicher Auswahl", schreibt diesbezüglich die „Wiener Illustrierte" im Mai 1951, „Liebe und Tod, Revolver und Schwüle sind die besten Lockmittel. Und wenn so ein Bub den Schilling nicht hat – die Versuchung ist groß, sich ihn ‚irgendwie' zu beschaffen. Und so fängt es an."

„Mit viel Besorgnis beobachten weite Kreise der Bevölkerung den Weg der Jugend", berichtete dann im Juni dieses Jahres die „Große Österreich Illustrierte" über „jene kriegs- und nachkriegsbedingte große Zahl junger Menschen, die zum Teil diese Grenze überschritten und damit auch jene des kriminellen Delikts hinter sich gelassen haben." Als Ursachen, „die zur moralischen Vergiftung der Jugend führen", werden häufig „der schlechte Film, das schlechte Buch, Müßiggang und nicht selten das seichte Vergnügen" genannt, „alles Erscheinungen unserer Zeit, denen sich leider auch jene nur allzu oft verschreiben, die der Jugend gegenüber große Verantwortung tragen".

Der Pfad ins Verderben führt demnach in einer Art Dreischritt hin zum unweigerlichen Untergang. „Der Anfang des Weges in die Untiefen der Unmoral", so beschreibt diesen die Illustrierte weiter, „ist in den meisten Fällen der schlechte Film. ‚Die Jagd nach Dillinger', die ‚Sünderin', kurz Filmstreifen, die sich an die niederen Instinkte richten und in denen Mord, Raub und Diebstahl das Motiv darstellen, üben oft verheerende Wirkung aus. Die Schundliteratur vervollständigt, was dem Film etwa noch nicht gelungen ist."

„Fortgeschrittene" in Dingen der Unmoral wieder „wissen nur allzu oft Neulinge um sich zu sammeln und ihnen den ‚Wert' leicht verdienten Geldes schmackhaft zu machen. Beim Kartenspiel, dem allzu oft das Hasardspiel folgt, wird das Geld ebenso leichter Hand vertan. Der ‚perfekte Müßiggänger' weiß der Arbeit mit viel Geschick aus dem Weg zu gehen."

Schließlich kommt es, wie es allen Moritaten zufolge unweigerlich kommen muß: „Das Ende sieht zumeist so aus! Jugendliche Gesetzesbrecher haben den Weg zum Verbrechen gefunden, schlechte Filme und Schundliteratur waren ihnen Wegweiser dazu. Es fällt nicht immer leicht, diese jungen Menschen von den Trümmern der Unmoral wieder zu befreien und die verschütteten guten Lebensadern wieder freizulegen. Manche der Gestrauchelten bleiben dem im jugendlichen Leichtsinn beschrittenen Weg treu und der Gemeinschaft verloren."

Gegen diesen Müßiggang, der ja „die Wurzel allen Übels" in der Wiederaufbaugemeinschaft darstellt, gilt es nun dementsprechend schonungslos anzukämpfen: „Den jungen Menschen bieten sich vielerlei Möglichkeiten zu wertvoller Betätigung, so etwa Laienspiele in Jugendtheatern", denn „die Freude am Singen und Musizieren, am Spiel auf der Laienbühne und an der Natur hat viele Menschen vor seelischem Schaden bewahrt und sie über allfällige ‚kritische' Phasen hinweggebracht." Zudem stehen der heranwachsenden Jugend „gute Bücher in Hülle und Fülle" zur Verfügung, wie auch die Betätigung in einer „Wandergruppe für Marschmusik" oder eines „Jungmädelchores" – offenbar ganz im Gegensatz zu nicht allzuweit zurückliegenden Epochen – „bestens dazu angetan" sei, „den Versuchungen der Zeit nicht zu erliegen".

Hatte sich in der älteren Generation ein Aufbau-Arbeitsethos verfestigt, das wiederum auf vorangegangene Militarisierung und gewaltsame Disziplinierung im Kriege beruhte, so dürfte mit dem nun ausbrechenden Kampf gegen „Schmutz und Schund" und der landesweiten Verdammung der Jugendli-

chen als unangepaßte Müßiggänger insgeheim auch eine Übertragung von sich selbs verbietenden Konsum- und Lebenswünschen der Erwachsenen auf die der Heranwachsenden stattgefunden haben und uneingestandene Sehnsüchte der eigenen, gestohlenen Jugend negativ auf die nachfolgende Generation projiziert worden sein.

Auch wenn in diesen Jahren keine signifikante Steigerung der Jugendkriminalität feststellbar ist, und dies in Zeiten, in denen „die Wegnahme einer Handvoll Kirschen aus des Nachbarn Garten" von den Gerichten als Verbrechen geahndet wird, kriminelle Delikte also nach wie vor hauptsächlich von Erwachsenen bestritten werden, soll die Jugend nach dem Vorbild einstiger Gemeinschaftsideologien diszipliniert werden, wird mit lehrerhaftem Zeigefinger die Verführungsmacht populärkultureller Produkte aufgezeigt, die Vorstellung von Abenteuer und Erotik mit ihrer tätlichen Ausführung gleichgesetzt: „Die jugendliche Platte hat Cowboy-Romane zu Dutzenden verschlungen", berichtet die „Wiener Illustrierte" im Juni 1951, „und will es den bewunderten Helden gleichtun. Einstweilen ist es ein Spiel, schlimmstenfalls ein ausgelassenes Bubenstück. Bei manchen aber wird es bitterer Ernst. Wiederholt wurden von jugendlichen Platten nach Anleitung von Kriminalromanen Verbrechen begangen."

Die Metaphern des Krieges wurden bei alldem weiterhin benützt, das Bild

von der „Platte" und vom „Schlurf",
letzteres übrigens eine Wortschöpfung
aus der NS-Zeit, kommt in diesen restaurativen Zeiten wieder auf und wird
beharrlich von Kirche, Schule und den
staatstragenden Organen der Republik
verbreitet. Am Beginn einer zögerlich
einsetzenden Konsumgesellschaft steht
der Kampf gegen „leichtverdientes
Geld" und der Sehnsucht nach anders-
gearteter Lebensgestaltung. Inmitten
des Wiederaufbaus und des sozialen
Konsenses kommt die Verweigerung
arbeitsamer Haltung kriminellen Tendenzen gleich, in Zeiten großkoalitionä-
rer Gemeinschaftsbildung darf niemand mehr abseits stehen und stellt
sich jedwediger Individualisierungspro-
zeß in asozialen Dimensionen dar.

Daß Müßiggang aller Laster Anfang sei,
wie nunmehr mit dem Hinweis auf das
entstehende Eigenheim Österreich ver-
lautet wurde, war nicht so neu, neu war
hingegen, daß sich zum Unverständnis
vieler ein Teil der Jugend daranmachte,
eigene Lebenswelten zu schaffen, um
sich einen Freiraum für eine bisher un-
bekannte Jugendkultur inmitten auto-
ritärer und obrigkeitshöriger Umgebung zu erobern.

Am pädagogischen Bild bündischer
Jugend und einer stramm gegliederten,
adretten Adoleszentenschar gemessen,
mußten Heranwachsende, die sich der
Sozialisation durch Familie, Schule und
Kirche verweigerten, vorerst scheitern
und sich als „Halbstarke" und „Drau-
ßenbleiber" stigmatisieren lassen, mit

deren Unangepaßtheit kein weiterer
Krieg zu gewinnen schien.

Im Jahr 1956 läuft der Film „Die
Halbstarken" mit Karin Baal und Horst
Buchholz an, der für Jugendliche nicht
zugelassen ist, und diese Jugend von
heute, urteilt der bekannte Wiener
Psychiater Hans Hoff dann auch im
Juni dieses Jahres, sei „erschreckend anders" und führt das „Halbstarkenwe-
sen" auf die Frühreife des Körpers, die
Nahrung, die Einflüsse der Zivilisation
und auf seelische Nichtbetreuung
durch die berufstätigen Eltern zurück.
Die Jugend, so der Professor weiter,
beuge sich nur noch „sehr zögerlich der
Autorität", wofür Hoff die Schuld
daran vor allem in der „Reizüberflu-
tung" durch „aufreizende Bilder" in
den „mehr als zweideutigen Büchern
und Heften" sieht. Vor allem der „Mo-
loch Film" flimmere Themen von der
Leinwand, „wie sie erregender und ge-
wagter nicht mehr gedacht werden
können". Diese „Reize der Zivilisation",
das „Bedürfnis breitester Kreise nach
dem höheren Lebensstandard" sowie
das Fehlen von elterlichen „Identifikati-
onsobjekten" seien es, die den „Trieb
übermächtig" werden lassen, der dann
natürlich „über den an sich schwachen
Willen des Kindes siegt". Schon „in der
Kleidung", so Professor Hoff ab-
schließend, „wollen sie anders sein als
die Jugend früherer Zeiten". Soweit die
Stimme der Wissenschaft, und die fand
damals allerorten williges Gehör. Bei
unserem Ortsapotheker etwa, einem
gutgekleideten, älteren Mann, der oft-

mals die unbedankte Mühe auf sich nahm, in grauer Morgenstunde jenen Schaukästen der zweideutigen, aufreizenden Bilder einen Besuch abzustatten, die er, vor allem jene mit einem schwarzen Balken versehenen, vor dem Lichtspieltheater sorgfältig zu studieren pflegte, um anschließend den wenigen überraschend auftauchenden Passanten seine tiefempfundene Abscheu vor derart erregenden und gewagten Reizen der Zivilisation lautstark kundzutun.

Im Sommer 1957 kündigt Wiens Polizeipräsident Josef Holaubek Maßnahmen gegen die „Halbstarken" an, die sich mit ihren Mopeds und Lederjacken, mit ihren Röhrlhosen und eingefetteten Haaren samt Entenschwanz vorm Kino und Espresso, im Colosseum in Meidling oder in der Tanzschule „Dumser" in Neulerchenfeld treffen. Im August 1958 weist Franz Kreuzer in der Zeitschrift „Heute" darauf hin, daß die Altvorderen sich wenig um die Belange der Jugendlichen kümmerten, die sich nunmehr an öffentlichen Orten herumtrieben, und daß „zwischen der entsprechend großen Zahl Wiener Kleinwohnungen" und dem „Herumlungern von Jugendlichen an den Straßenecken ein Zusammenhang" bestehe. Zudem hätte man ihnen die letzte „Gstettn" genommen und städtische Ödlandschaften, einst Spielplatz und Raum für Bewegung, restlos in öde Stadtlandschaften verbaut.

Derartiges Herumlungern an der Straßenecke wieder wird als trotziges Devianzverhalten gedeutet, das neuerlich, wie es scheint, keinesfalls in die soeben errichteten Normen der beginnenden Wohlstandsgesellschaft hineinpaßt. Pädagogen und Politiker, Konservative wie Kommunisten nehmen sich der Thematik erneut an. Helmut Schelskys Wort von der „Skeptischen Generation" geht um, und der deutsche Pädagoge Heinrich Muchow rügt jugendliche Reserviertheit gegenüber dem bereits breit entfalteten Konsumangebot mit den besorgten Worten, die Jugendlichen schreiten unbeeindruckt durch diese Welt und seien im Grunde „von vornherein zu keinem Kauf bereit, zu keiner Bestellung entschlossen". Sie gingen daher gegenüber der Wirtschaftswunderlandschaft der Erwachsenen „auf Distanz".

Drückte Mitte des Jahrzehnts die oppositionelle wie unpolitische Haltung der Moped- und Lederjacken-Jugend einen übernommenen Lebensstil aus, dessen Vorbild sich in den US-Idolen Marlon Brando oder James Dean wiederfand, so sind es bald Jazz- und Rock-'n'-Roll-Klänge, die von US-Sendern verbreitet werden und es der Jugend ermöglichen, neue kulturelle Freiräume gegenüber den Erwachsenen zu gewinnen.

In diesen fernen USA hatte unterdessen Elvis Presley, ein ehemaliger Lastwagenfahrer aus Tennessee und Inkarnation des „Halbstarken", im Jahr 1956 acht Millionen Schallplatten verkauft und damit Stars wie Frank Sinatra oder Bing Crosby bei weitem überflügelt. Für ein dreimaliges Auftreten im

Fernsehen erhält er 50.000 Dollar und die FOX-Filmgesellschaft bietet ihm 750.000 Dollar, für drei Filme an. Zahlen, die auch der Erwachsenenwelt langsam zu denken geben.

Am Ende des Jahrzehnts, in Zeiten der Vollbeschäftigung und des Wirtschaftswunders, werden die Jugendlichen dann bald als neue Konsumentenschicht entdeckt und mit Blue jeans, Elvis-Platten, einem „Bravo"-Abonnement, mit Hula-Hoop-Reifen, Kofferradio und Motorroller zu den umworbensten Mitbürgern zählen. Gleichzeitig greift die Wurlitzer-Welle auf Österreich über, allein im Jahr 1957 wandern 144 Millionen Schilling in derartige Musikautomaten der niederen Gastronomie, was etwa 12 Kilometern Autobahn oder 890 Einfamilienhäusern entspricht, Ausgaben, die durch die im März dieses Jahres eingeführten silbernen Zehnermünzen mit Goldhaubenmotiv noch erleichtert werden.

Am Ende war die Jugend zu einem dominanten und anerkannten Faktor in der Konsumgesellschaft geworden. „Den ‚Halbstarken', den Teenagers, den Heranwachsenden, die so oft als Ruhestörer, als Rowdies hingestellt werden, versucht man neuerdings mehr und mehr gerecht zu werden", heißt es nunmehr im Dezember 1959 in der „Wiener Illustrierten" unter Berufung auf gewandelte wissenschaftliche Erkenntnisse. „Sorgfältige Untersuchungen" erbrachten nämlich empirisch „den Beweis, daß die Rock-'n'-Roll-Tänzer zu

Prototyp des Halbstarken: Elvis Presley

95% und oftmals sogar zu 99% vollkommen normale Menschen" oder, wie es in dem Bericht auch heißt, „achtbare junge Bürger" seien, „die sich wieder ganz sachlich und vernünftig benahmen, sobald sie auf ihre Plätze, an ihren Tisch zurückgekehrt waren". Und was oftmals als individuelle Verweigerung gegen die Konventionen gedacht war, findet sich bald in einer erstaunlichen Einheitlichkeit der Wertsetzung, in einer weltweiten Massenkonsumindustrie wieder.

Mit alldem wird die durchaus patriarchalisch organisierte Unterhaltungsindustrie an der Jugend versöhnlich mitpartizipieren, die Heranwachsenden auf den rechten Weg leiten und dabei auch noch auf ihre Kosten kommen.

Neue Tanzsitten erreichen auch Österreich

Ernst Grissemann

Sebastians Aufzeichnungen

Seit etwa einer Stunde schneit es. Sebastian, der die Sonne und das Meer und auch das heitere Ambiente liebt, in dem sich mediterranes Leben abspielt, ist also schlechter Laune. Er hat sich ins Kaffeehaus zurückgezogen, hat die aufliegenden Tageszeitungen gelesen und sich dabei wieder einmal über die Mitmenschen geärgert, die bei der Lektüre einer Zeitung nicht darauf achten, daß es einen nachfolgenden Leser gibt. Verärgert hat er das zermudelte Blatt, wie alle anderen vorher, in die richtige Seitenfolge gebracht, glattgestrichen und Artikel für Artikel gelesen. Nun liegen nur noch zwei Illustrierte am Zeitungstischchen, die neue TWEN und ein zerlesenes BRAVO-Heft. Die eine hat er schon gelesen, und das andere interessiert ihn nicht.

Sebastian hat vor zwei Jahren seine Matura mit Auszeichnung bestanden und ist seither am Nachdenken, was er denn nun wirklich werden sollte. Er hat zwar an der Universität der Landeshauptstadt, in der er nun lebt, Jus inskribiert, doch ein immer stärker werdendes Gefühl sagt ihm, daß es dabei wohl nicht bleiben werde. Nach drei faden Semestern kann sich Sebastian kaum noch vorstellen, einmal im Staatsdienst oder als Rechtsanwalt sein Berufsleben zu verbringen.

Zurzeit verdient er sich bei einem re-nommierten Verlag als Aushilfsarchivar zusätzliches Geld, das die monatliche Unterstützung aus dem Elternhaus ein wenig auffettet. Das nötige Wissen, um seine Prüfungen an der Uni mit Ach und Krach zu bestehen, erwirbt er durch gezieltes Lernen an seinen freien Tagen, des Nachts oder bei den seltener werdenden Vorlesungsbesuchen.

Vielleicht nimmt er doch das Angebot des Verlagsleiters an und läßt sich als Verkäufer ausbilden und anstellen. Tausendachthundert Schilling hat man ihm als Anfangsgehalt in Aussicht gestellt, das sich nach der Ausbildungszeit auf zweitausendfünfhundert erhöhen würde. Da wäre er ein gemachter Mann, denkt sich Sebastian. Etwa sechshundert Schilling würde die Miete einer kleinen Wohnung kosten, und der ansehnliche Rest könnte unter Abzug von hundert oder vielleicht sogar zweihundert Schilling, die er auf die hohe Kante legen würde, auf angenehmste Weise unter die Leute gebracht werden.

Sebastian verbringt seine derzeit reichlich bemessene Freizeit gerne im Stammcafé. Abends frequentiert er mit Freunden gelegentlich die Tanzbars der nahe gelegenen Fremdenverkehrsorte oder auch die modischen Jazzkeller der Stadt. Gestern spielte Fatty George im „Schindler", ein toller Abend, der noch viel lustiger hätte werden können, wenn ihm das Geld nicht ausgegangen wäre. Fünfzehn Schilling für einen kleinen Whisky! Marlis war richtig sauer, als Sebastian ihr eröffnete, daß es nun Matthei am Letzten wäre. Eine halbe Stunde hat der arrogante Ober noch zugeschaut und hat ihnen dann die berühmten zwei Möglichkeiten anheimgestellt: Was bestellen oder den Platz an der Bar freimachen.

Ja, ein bißchen mehr Geld wäre schon wünschenswert in diesen Tagen des Wirtschaftswunders. Doch wenn bereits die Hälfte des elterlichen Monatsschecks für die Untermiete bei der schmallippigen Kinobilleteurin und Witwe Hillinger draufgeht, die darauf besteht, mit Frau Professor angesprochen zu werden – ihr verstorbener Gatte war Mittelschulprofessor für Mathematik –, konnte er wirklich nicht weit springen.

Einer seiner Studienkollegen hat seit kurzem eine funkelnagelneue Vespa. Ein Geschenk seines offensichtlich wohlhabenden Vaters. Das modische italienische Kleinmotorrad kostet neu immerhin soviel wie ein guter gebrauchter Volkswagen, so um die zehntausend. Nicht daran zu denken, daß sich auch Sebastian in naher Zukunft motorisieren könnte.

Manchmal machen sie Ausflüge damit in die nähere Umgebung. Ein tolles Gefühl, frei und unabhängig von allen öffentlichen Verkehrsmitteln unterwegs zu sein. Fast zwei Stunden sind Sebastian und sein Freund gestern durch die Nacht gebraust, um fünfzig Kilometer entfernt im Kino einer der Bezirksstädte jenen Film zu sehen, der gerade Furore macht in der ganzen Welt: „Wem die Stunde schlägt", das grandiose Epos Ernest Hemingways mit Ingrid Bergmann und Gary Cooper, große Literatur, monumental ins Filmische übersetzt.

Während der Rückfahrt auf dem Sozius des schnittigen Rollers haben sich die Gedanken Sebastians wieder einmal auf die Reise in die Zukunft begeben. Schon als Bub hat sich Sebastian für Literatur interessiert, die sich mit Möglichkeiten zukünftiger Entwicklungen auf allen Gebieten beschäftigt. Nicht nur Hans Dominiks einfach gestrickte, aber spannende Romane über alle möglichen technischen Wunder oder die phantastischen Erzählungen Jules Vernes von Expeditionen in kommende Jahrhunderte, sondern durchaus auch literarisch anspruchsvolle, ironische Geschichten etwa eines H. G. Wells hat Sebastian mit Konzentration und brennendem Interesse gelesen. Gerade hat er Wells' „Men like Gods" begonnen, eine Erzählung, die den Einbruch der Erdlinge in eine ferne Galaxie schildert.

Auf der nächtlichen Rückfahrt also, während der ohnehin ein Gespräch mit seinem Freund wegen des brausenden Fahrtwinds nicht möglich war, hat Sebastian wieder einmal seine lebendige Phantasie in die Welt kommender Jahrzehnte vorausgeschickt. Schließlich wird er einige davon wohl selbst erleben können, er ist gerade zwanzig und voll junger Lebenskraft. Von der neuen Technik des Fernsehens, die gerade erst

Einzug auch in die Wohnstuben zu halten beginnt, liest er immer häufiger, auch davon, daß in der fernen Bundeshauptstadt bereits Versuchssendungen laufen. In Amerika, hat Sebastian kürzlich gelesen, gibt es bereits Fernsehen in Farbe. Das wird wohl noch Jahre dauern, bis die neue farbige Fernsehwelt auch für ihn zugänglich sein wird, denkt er.

Immerhin, zu Weihnachten des vergangenen Jahres 1952 ist zum ersten Mal in Deutschland ein Fernsehprogramm ausgestrahlt worden. Darüber wurde groß berichtet. Die Sendungen bestanden hauptsächlich aus Weihnachtsliedern und Grüßen aus aller Welt. Zwei Stunden dauerte das Programm und wurde bereits in die Wohnzimmer von etwa 4000 Familien übertragen, die die saftige Summe von tausendzweihundert Mark für das Gerät hingeblättert hatten. Siebentausendzweihundert Schilling! Drei durchschnittliche Monatsgehälter eines Angestellten! Da wird er wohl noch ein wenig warten müssen, denkt Sebastian. Aber im nächsten Jahr möchte er unbedingt seine eigene kleine Garçonnière bewohnen, vielleicht auch so einen flotten Roller besitzen, wie sein Freund. Und wenn es bis dahin die Möglichkeit geben sollte, einen Fernsehapparat nicht nur in den Schaufenstern der Elektrogeschäfte zu bestaunen, sondern erschwinglich zu kaufen, dann wird er einer der ersten sein, die das auch irgendwie durchziehen. Doch vorläufig ist er nur Fahrgast, verbringt seine Abende im Stammcafé und wohnt bei der Witwe, was ihm wenigstens gelegentlich einen Gratiskinobesuch einbringt.

Wenn die kinokartenverkaufende Witwe gut aufgelegt ist.

An manchen Samstagen kommt Marlis, die Sebastian gern scherzhaft als seine „Number one" bezeichnet und die dann immer ein bißchen schmollt, aus ihrem nahe gelegenen Heimatdorf in die Landeshauptstadt, um mit ihm durch die Lokale zu ziehen, tanzen zu gehen und – wenn die Witwe nach der letzten Kinovorstellung noch mit ihrem Damenkränzchen einen flotten Likör trinken geht – mit ihm auf seine Bude ein Stündchen zu träumen etc. An solchen Samstagen sitzen Marlis und Sebastian händchenhaltend in den Milchbars und Tanzcafés der Landeshauptstadt, wo Musicboxen und Petticoats, scharf gemusterte Tapeten, Trompetenlampen mit biegsamen Schwanenhälsen und Sinalco-Cola die Welt der jungen Leute möblieren, die in diesem Jahrzehnt der fünfzige Jahre leben. Sie leben mitten im „Bauhaus"-Stil dieser Epoche, einem Stil zwischen Sachlichkeit und Dekoration. Abstrakte Kunst beherrscht das Design.

Spätestens um Mitternacht finden sich die beiden dann am Hauptbahnhof ein, von wo Marlis mit dem letzten Zug zu Muttern fährt und Sebastian noch auf ein Bierchen in sein Stammcafé geht. Gegen Barzahlung oder Kredit, je nach Inhalt seiner Geldbörse.

Für das kommende Wochenende haben ihn die Eltern von Marlis eingeladen, mit ihnen und ihrer Tochter in die Oper zu gehen. Aus eigener Entscheidung hätte Sebastian niemals das viele Geld für eine Opernkarte ausgegeben. Auch nicht für Tschaikowskys „Eugen Onegin", die im Landestheater aufgeführt werden wird. Sebastian geht gerne ins Theater, doch bisher immer nur ins Schauspiel. Schon während er noch die Oberstufe des Gymnasiums besuchte, war er oft als Zuschauer unter dem Publikum der Landesbühne. In erster Linie waren es die großen deutschen Klassiker, zu denen der Deutschprofessor seine Schüler ins Theater führte.

Die leichten Lustspiele zeitgenössischer Autoren lagen und liegen Sebastian allerdings viel mehr. Er erinnert sich immer wieder gerne an die burleske Komödie „Der Mustergatte", die er vor mehr als fünf Jahren, im April 1950, hier im Landestheater gesehen hat. Das war eine Riesenaufregung in der kleinen Landeshauptstadt, als bekannt gegeben worden war, daß für einen Abend der große deutsche Film- und Bühnenstar Heinz Rühmann mit einem Tournee-Ensemble am hiesigen Theater gastieren würde. Und Sebastian war es damals tatsächlich gelungen, zwei Karten zu ergattern. Er wußte, daß auch seine Mutter den Star in ihr Herz geschlossen hat und ging zu Recht davon aus, daß sie dann auch die Kosten freudig tragen würde.

Kommenden Samstag also „Eugen Onegin". Wenn auch Marlis' Eltern die Eintrittskarten bezahlen werden, so kommen doch Kosten auf Sebastian zu. Er besitzt nur eine Krawatte, die er zu diesem Ereignis leider nicht wird anziehen können: Sie ist aus Leder, zwar schwarz, aber mit grellgelben Querstreifen und paßt phantastisch zum neuen gelben engen Pullover, den Sebastian sich zu der jüngst entstandenen Bluejeans gekauft hat.

Es ist bekanntlich gar nicht leicht, eine Bluejean überhaupt zu kriegen. In den höchst konservativen Bekleidungsgeschäften der Landeshauptstadt gibt es sie natürlich nicht zu kaufen, da muss man schon nach München fahren und lange suchen, bis man einen Laden gefunden hat, der dieses authentischste Symbol des „American way of life" führt. Durch die Vermittlung eines amerikanischen Studienfreundes, Eddie, hat er die Adresse bekommen, nach Monaten eisernen Sparens hat er auch das Geld zusammenbringen können und dann ist er losgefahren. Weil aber eine echte Bluejeans wirklich ganz eng sitzen muß, hat Marlis noch ihre Schneiderkünste dem gekauften Objekt angedeihen lassen. Nach einer Sitzung in der gefüllten Badewanne mit anschließender fünfstündiger Trockenzeit auf dem Balkon der Witwe ist das Beinkleid nun einsatzbereit. Ach ja, die leichte Lungenentzündung, die sich Sebastian bei der Trockenprozedur geholt hat, sollte auch noch erwähnt werden. Doch das Gefühl, sich nun wie James Dean, der amerikanische Filmstar, dessen neuestes Epos „Jenseits von Eden" Sebastian gestern tief beeindruckt gesehen hat,

durch die Straßen der Landeshauptstadt zu bewegen, übertrifft bei weitem
alle mit dem Erwerb und der Adaption
der ersehnten Bluejeans eingehandelten
Unzukömmlichkeiten.

Nun also noch eine solide Krawatte
für den dunklen Anzug und der heutigen Theateretikette ist Genüge getan.

Von Zeit zu Zeit bedauert es Sebastian, nicht in einer der großen Städte
leben zu dürfen und damit viel näher
an den Stätten der Entwicklung zu sein,
die sich jetzt allenthalben manifestieren
in der westlichen Welt. Auf beinahe allen Gebieten beginnen nun die Räder
des Aufbaues nach den Zerstörungen
des Zweiten Weltkrieges schneller und
schneller zu laufen. Besonders beeindruckt ist Sebastian vom wirtschaftlichen Aufschwung. Er hat ja miterlebt,
wie erfolgreich der kleine Tauschwaren-
handel war, den seine Eltern in einer
Ecke ihres vor und zeitweise auch noch
während des Krieges gut gehenden Le-
bensmittelgeschäftes eingerichtet hatten. An ein Stück Butter etwa oder an
ein paar Zigaretten kam man noch vor
ein paar wenigen Jahren nur auf diese
Weise. Die Währung, mit der man so etwas bekam, hieß Pelzmantel und An-
tiquität, Golduhr oder Brillanten.

Und jetzt, noch nicht mal zehn Jahre
nach Ende des Krieges? Die Freßwelle
rollt, das Sozialprodukt steigt und
steigt, das Bruttoeinkommen der Arbei-
ter und Angestellten wächst pro Jahr
um 10 und mehr Prozent. Sebastian
rührt in seinem Kaffee und kann sich eines Gefühls der Hochachtung – durch-

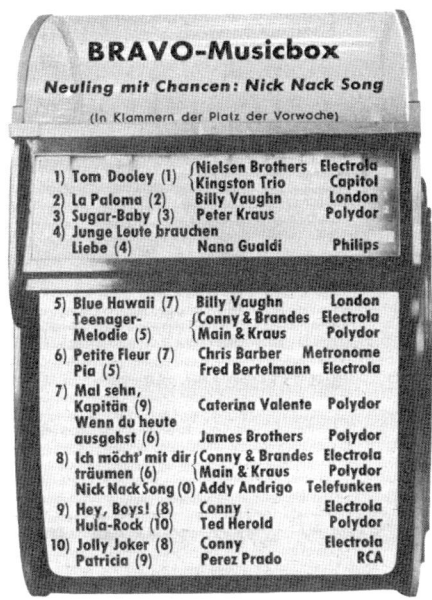

Bravo-Hitrangliste März 1959:
Tom Dooley vor La Paloma

aus auch vor sich selbst – nicht erweh-
ren. Obwohl ihm auch gleich einfällt,
daß er persönlich wohl nur wenig dazu
beigetragen haben wird.

„Drei Schilling sechzig!" brummelt
der alte Ober Franz, als ihn Sebastian an
seinen Tisch ruft, um seinen kleinen
Braunen zu zahlen.

„Gestern waren das noch dreidrei-
ßig", wundert sich Sebastian.

„Richtig! Und heute dreisechzig.
Tempora mutantur!"

Auch der alte Franz kann humanistische Bildung vorweisen, die er allerdings weder im Krieg als Unterfeldwe-
bel an der Ostfront noch nach seiner
Rückkehr aus russischer Gefangen-

schaft hat je wirklich nutzen können. War er halt Kellner geworden und freut sich, wenigstens mit seinen jungen studentischen Stammgästen mithalten zu können.

„Die Wirtschaft entwickelt sich zum Wunder, aber der Wettbewerb hat sich offensichtlich noch nicht zu einer richtigen Konkurrenz ausgewachsen", grinst Sebastian und drückt dem Ober einen Zehnschillingschein in die Hand.

„Behalt's", sagt er, „als Anzahlung auf die Abzahlung meiner Schulden!"

Sebastian schlägt den Mantelkragen hoch, als er auf die Straße tritt. Es schneit jetzt heftig, und der Matsch am Gehsteig rinnt oben in seine modischen Halbschuhe hinein. Die Witwe war vom Kino, in dem sie arbeitet, noch nicht nach Hause gekommen. Der Kanarienvogel Pippi kreischt in seinem Käfig in der Küche so intensiv und andauernd, daß an ein Studieren selbst bei geschlossenen Türen nicht zu denken ist. Sebastian geht in die Küche und öffnet das kleine Türchen am Käfig. Sofort flattert der Vogel heraus, kurvt ein paarmal durch den Raum und setzt sich dann auf einen Querbalken des Kruzifixes in der Ecke, schaut und schweigt. Na also, denkt Sebastian, mit ein bißchen Freiheit läßt sich so was regeln. Er nimmt eine Tasse aus dem Küchenschrank, füllt ein Tee-Ei aus der Earl-Grey-Büchse der Hausfrau und hängt es in die Tasse. Dann stellt er den Wasserkessel auf die Herdplatte, schaltet diese ein und kehrt in sein Zimmer zurück. Dort sucht er nach der Packung

„Austria 2", nimmt die letzte Zigarette heraus und zündet sie an. Bis der Wasserkessel pfeift, schaut Sebastian in das Schneetreiben vor seinem Fenster. Als das kochende Wasser in die vorbereitete Tasse sprudelt, verbreitet sich eine richtig gemütliche Atmosphäre. Sebastian setzt sich mit seinem Tee in sein Zimmer und beginnt, die Skripten zu sichten.

Erst als ihm bewusst wird, daß er schon eine halbe Stunde lang keinen Pieps vom Pippi mehr gehört hat, fällt ihm auch mit plötzlichem Schrecken ein, daß er vergessen hat, die Herdplatte abzuschalten. Sebastian stürzt in die Küche, schaltet mit hastigem Griff die weißglühende Platte aus. Sein nächster Blick erhascht den Kanari, der vom Küchenkasten herunter auf die glühende Elektroplatte späht. Der Vogel ist davon so fasziniert, daß er sich mühelos fangen läßt.

Sebastian steckt das Tier aufatmend zurück in seinen Käfig, wo das Gepiepse sofort wieder anfängt. Nicht auszudenken, wenn dem Vogel eingefallen wäre, die glühende Scheibe näher zu betrachten. Als Schuldigen an der Einäscherung des lieben Pippi hätte die Witwe Hillinger Sebastian auf der Stelle das Untermietverhältnis aufgekündigt. Und bei dem Wetter unter der Brücke die Nacht zu verbringen, hätte er voraussichtlich nicht überlebt.

Zwei tragische Todesfälle wären also die Folge gewesen. Wie immer, wenn er haarscharf an einer Katastrophe vorbeigeschleudert ist, schläft Sebastian schnell ein und hört nicht mehr, wie die Witwe nach Hause kommt. Obwohl sie dabei laut und fröhlich den „River-Kwai-Marsch" pfeift: Heute ist nämlich der Film „Die Brücke am Kwai" mit dem beliebten Alec Guinness in der Hauptrolle endlich in der Landeshauptstadt angelaufen.

Habe ich Ihnen schon erzählt, daß Sebastian einer ist, der gerne hin und wieder eine kleine Reise unternimmt? Manchmal steht er im Abflugraum des niedlichen Flugplatzes der Landeshauptstadt und beobachtet die Starts und Landungen der Passagiermaschinen. Viele sind es ja nicht, die hier ankommen oder abfliegen, die meisten der schibegeisterten Wintergäste aus dem nahen und fernen Ausland kommen mit dem Zug hier an, nachdem sie in München oder Zürich gelandet sind. Doch die, die sich trauen in Propellerflugzeugen den mitten im wilden Bergland gelegenen Flugplatz der Landeshauptstadt anzufliegen, berichtet von oft abenteuerlichen Landeerlebnissen. Bis jetzt ist zwar noch nie etwas Gröberes passiert, außer daß ein Transportflugzeug der französischen Besatzungsmacht eine spektakuläre Notlandung hingelegt hat. Und das ist nun schon ein paar Jahre her.

Inzwischen ist Sebastian gerade ein souveräner Untertan in einem souveränen Staat geworden und ordnet seine Visionen von den Möglichkeiten, jetzt problemlos zu reisen. Auf einem Fest hat er vor ein paar Tagen eine etwas knochige deutsche Urlauberin kennen-

Musik wird mobil

gelernt. Eine Begegnung, die er natürlich vor Marlis geheimhalten muß, die er aber gerne warmhalten möchte, weil Elke, so heißt die junge Dame, eine gemeinsame Fahrt in die ferne Bundeshauptstadt in Aussicht gestellt hat.

Mit ihrem funkelnagelneuen Borgward.

Und weil sie bloß noch eine Woche Urlaub hat, soll die Fahrt schon morgen stattfinden.

Heute abend also „Eugen Onegin" mit Marlis und mit neuer Krawatte. Und morgen früh ab in die Kaiserstadt. Mit Elke bzw. mit dem Borgward.

Neun Stunden hat die Hinreise gedauert, alles in allem. Auch nicht schneller als mit der Bahn. Immerhin gibt es auf der deutschen Zwischenstrecke schon an die hundert Kilometer zusammenhängende Autobahn. Von Salzburg an fährt man auf einem Fleckerlteppich. Da ein paar Kilometer, dort ein paar. Gerade haben sie den neuen Abschnitt Mondsee bis Linz dem Verkehr übergeben. Und weil der flotte Borgward recht sparsam mit dem Benzin umgeht – er benötigt gerade einmal zwölf bis vierzehn Liter auf hundert Kilometer –, hat es gereicht, dreimal zu tanken während der Fahrt.

Elke besitzt sogar ein Autoradio, und Sebastian ist ganz hingerissen von dem Luxus, sich während einer Autofahrt die Zeit mit den Sendungen des Rundfunks vertreiben zu können. Als sie auf der Strecke im deutschen Eck unterwegs waren, waren beide fasziniert von einer Sendung über den ersten Weltraumsatelliten, den die Sowjets gerade in einer Erdumlaufbahn stationieren konnten. Dabei sind die Funksignale des „Sputnik" aufgefangen und live übertragen worden.

Wie wird das wohl weitergehen mit der Eroberung des Weltalls, die nun sowohl vom kommunistischen Osten als auch von den USA mit Hochdruck betrieben wird, denkt sich Sebastian und gibt sich wieder einmal seinen Visionen hin. Bald sollen ja auch Menschen in Raumschiffen außerhalb der Erdanziehung um den Globus fliegen, hört man. Ob es möglich sein wird, in völliger Schwerelosigkeit längere Zeit zu überleben? Da hat Sebastian keine Zweifel.

Den Freunden, die das nicht für möglich halten, erzählt er gern die Geschichte von den renommierten Ärzten, die mahnend den Zeigefinger hoben, als Stephenson die Dampflokomotive erfunden hatte. Sie sagten, daß Geschwindigkeiten jenseits von 30 km/h einen Menschen sofort töten würden. Zum Lachen heute. Hätten sich die Forscher, Wissenschafter und die Pioniere der Technik von solchen Kassandras abhalten lassen, ihre Ideen und Visionen umzusetzen, wären wir wohl noch im gar nicht so gemütlichen Mittelalter.

Also werden die zähen und anpassungsfähigen Erdbewohner bestimmt auch mit der Schwerelosigkeit zurechtkommen. Doch wann wird es wohl soweit sein? Vom bemannten Mondflug pflegen die Amis ja schon ihre Visionen in aller Öffentlichkeit. Sebastian träumt sich in eine technologisch aufbereitete Zukunft, in der bereits etwa 1990 oder spätestens 2000, also in 35 bis 45 Jahren, der Wochenendausflug zum Mars zu den alltäglichen Möglichkeiten gehören wird.

Wenn die Russen nur keinen Blödsinn mit der Atombombe machen. Die plötzlich ausgebrochene Kubakrise bereitet auch ihm ein ungutes Gefühl. Doch Sebastian ist jung, wißbegierig und frei. Was soll denn schon passieren, sagt er sich, die Jungs im Weißen Haus werden schon den richtigen Weg finden, um die Russen auf Distanz zu halten.

Im übrigen interessiert er sich nicht für Politik. Als er noch ein ziemlich kleiner Bub war – und das ist noch nicht so lange her –, hat er schließlich selbst miterlebt, wohin es führt, wenn sich junge Leute auf politisches und ideologisches Glatteis führen lassen.

Da weiß sich Sebastian auch eins mit allen seinen Freunden.

Die Bundeshauptstadt ist grau. Das hätte er sich nicht gedacht. Bloß in der Innenstadt, rund um den Dom und in den Straßen des Zentrums, ist jenes Leben zu spüren, das er sich von einer so großen Stadt erwartet hat.

Elke, die Chauffeuse, ist mit deutscher Gründlichkeit dabei, alle Winkel kaiserstädtischer Architektur und Kultur zu inspizieren und ist auch nach fünf Stunden noch nicht müde genug, um einen ausgiebigen Schaufensterbummel auf morgen zu verschieben. Ehrlich gesagt, hat Sebastian daran nur ein begrenztes Interesse, seinen mageren Geldbeutel möchte er lieber beim Heurigen, von dem er soviel schon gehört hat, strapazieren.

Vier Viertel Wein und zwei knusprige Hendln später hat er dann sage und schreibe 48 Schilling weniger in der Tasche. Für soviel Geld ißt er sich zu Hause bei der Kinowitwe eine ganze Woche lang satt.

Rückfahrt ist angesagt.

Auch weil die dürre Elke Annäherungsversuche startet, die er keineswegs einkalkuliert hat. Die eckige Norddeutsche scheint auf die Söhne der österreichischen Berge in besonderem Maße anzusprechen. Sebastian vermutet, daß der Urlaub der herben Schönen in den Bergen ausschließlich dem Aufriß dienen sollte. Gleich nach dem Ende des Krieges hatte es sich schnell herumgesprochen unter den jungen Bürgerinnen der neuen deutschen Bundesrepublik, daß im nahen Gebirgsösterreich das Mannsbilderpotential irgendwie ergiebiger wäre als im flachen Germanien.

Darum rasch nach Hause. Im Westen, wo der Aar beständig um die Gipfel kreist, finden sich viele andere Objekte für Elkes Begierde. Mehr als hier in der Bundeshauptstadt.

Sebastian jedenfalls möchte zu seiner Marlis zurück, Borgward hin oder her.

Er ist bestimmt sicher und unbeschädigt daheim angekommen und wird wohl eines Tages Marlis geheiratet haben.

Hier verlieren sich nämlich Sebastians Spuren in den anbrechenden sechziger Jahren …

Sie ist ewig aktuell - die Liebe

Liebeneiner von Ulla Jacobsson begeistert — Magda Schneider bekam zwei Film-töchter — Für Humor zeichnen das Komikerpaar G. Lüders und Lucie Englisch

Drei Stunden hintereinander hatte Ulla Jacobsson mit Karlheinz Böhm und Regisseur Liebeneiner die große Liebesszene in dem Berolina-Farbfilm „... und ewig bleibt die Liebe" nach Sudermanns „Johannisfeuer" geprobt und gespielt. Endlich findet der Umbau statt. Ulla will sich ein wenig ausruhen, eine Tasse Kaffee trinken, etwas essen, da ertönt Regisseur Liebeneiners Stimme: „Bitte, Frau Jacobsson, wir wollen die nächste Einstellung durchsprechen!" Gehorsam wie ein Schulmädchen legt die junge Schwedin den Streuselkuchen zurück auf den Teller und geht zurück zur Arbeit.

Kein Wunder, wenn Wolfgang Liebeneiner die Zusammenarbeit mit ihr als ideal bezeichnet. Es gab während der Dreharbeiten in Berlin und der Außenaufnahmen auf Gut Dankersen überhaupt keinen Mitarbeiter, der nicht von Ulla begeistert war. Noch nie war die Garderobiere Uschi von einem Star so wenig in Anspruch genommen worden wie von ihr. Ulla war sehr erstaunt, als man sie im Atelier verwöhnen und bedienen wollte. „Aber das kann ich doch allein machen!" meinte sie immer wieder sehr bescheiden, so als wäre sie niemals in Cannes mit Filmruhm überhäuft worden. Nette Kameradschaft verband sie mit der noch um einige Jahre jüngeren Ingrid Andree, die die Tochter des Gutshauses spielt, in dem sie, Sudermanns Marike, als Findelkind aufgezogen wurde. Ingrid pendelte während der Drehwochen ständig zwischen ihrer Hamburger Theaterverpflichtung als „Gigi" und dem Tempelhofer Atelier hin und her. In Berlin erwartete sie nicht nur der Film, sondern auch Seppl, der lustige Dackel ihrer Filmmutter Magda Schneider, den sie besonders ins Herz geschlossen hat.   thea.

Oben: Wie eine richtige Mutter hat Frau Vogelreuther (Magda Schneider) stets über ihr Findelkind Marike (Ulla Jacobsson) gewacht. Sie steht ihr auch bei, als ihre wirkliche Mutter, aus dem Gefängnis entlassen, auftaucht. — Unten: Trude Vogelreuther (Ingrid Andree) soll auf Wunsch des Vaters (Paul Dahlke) den Gutsverwalter heiraten.

(FOTOS: BEROLINA/CONSTANTIN/WESEL)

Oben: Aber Georg (Karlheinz Böhm) liebt Marike (Ulla Jacobsson). In einer der Nächte vor Johannis, in denen das Blut rebelliert, haben die beiden endlich den Mut, sich ihre Liebe zu gestehen. Mit den Worten „Meine Mutter stiehlt, ich stehle auch!" reißt Marike Georg an sich, wohl wissend, daß sie schließlich doch für immer auf ihn verzichten muß. Mit aller Kraft ihres Herzens überredet sie Georg, der entschlossen ist, der kleinen Trude, seiner Braut, sein Wort zurückzugeben, ihre Liebe zu vergessen. Sie will sich dem Haus gegenüber, in dem ihr so viel Gutes geschah, nicht schuldig machen. — Links: Bei den großen Liebesszenen, die Regisseur Wolfgang Liebeneiner behutsam zu inszenieren wußte, hätte man im Atelier eine Stecknadel zu Boden fallen hören. Sogar den abgebrühten Atelierarbeitern griff Ullas stille Eindringlichkeit ans Herz. „Seele" lag im Timbre ihrer Stimme, wunderbare Zärtlichkeit in jeder Bewegung. „Es gibt so wenige Schauspielerinnen mit Ausstrahlung", urteilt Karlheinz Böhm. „Ulla hat sie. Man gerät in ihren Bann."

Funk und Film 5

„Sie ist ewig aktuell – die Liebe", Fotos zum Film „ … und ewig bleibt die Liebe"
(Hauptdarsteller: Ulla Jacobsson , Karlheinz Böhm, Regisseur: Wolfgang Liebeneiner) 1954

Ulrich N. Schulenburg

Eine Jugend in Wien

Anfang der 50er Jahre, genau im Sommer 1950, spielte sich das gesellschaftliche Leben meiner Jugend vorwiegend im kirchlichen Bereich ab.

Wir ministrierten aufmerksam und konzentriert, und in der Folge ging dieses Ministrantentum nahtlos in die Jungscharbetreuung über. Der Wohlgeruch des Weihrauchs vernebelte mein junges Gehirn. Die Aktivitäten der Jungschargruppe gipfelten darin, daß wir dreimal im Jahr, Frühjahr, Sommer und Herbst, Fußballmatches austrugen, und zwar wir als „Kaasgrabler" gegen die Pfarren Grinzing und Sievering.

Diese Matches wurden mit hartem Einsatz geführt, so daß sie fast immer in entsprechenden Raufereien, an denen sich oft genug auch die Jungscharführer und einmal sogar ein Pfarrer beteiligten, mündeten.

Wir verdroschen immer die Grinzinger und erhielten Prügel von den Sieveringern.

Nachdem es sozusagen eine katholische Veranstaltung war, fand man beim Verarzten der Wunden auch immer friedfertige Töne und erhielt die ein oder andere wichtige Information.

Eine davon war, daß uns der Heurigensohn Nirscher mitteilte, am Gehsteig vor dem Wien-Film-Gelände auf der Sieveringer Straße würden sich seit einigen Tagen riesige Berge von Filmkartons stapeln, die auf ihren Abtransport, durch wen auch immer, warteten. Sie selbst hätten sich schon einige Rollen geholt, diese in ihr Geheimversteck, in den Sieveringer Steinbruch, geschleppt und dort bengalische Feuer mit diesem Filmmaterial veranstaltet.

Es war das damals übliche Nitromaterial, und bei den ausrangierten Filmen handelte es sich um Mehrfachkopien bekannter Spielfilme, aber auch um Naziwochenschauen und ähnliches filmisches Propagandamaterial.

Unsere Kerntruppe von vier Mann schlich sich an diesen Filmberg heran. Da wir ungehindert, ja sogar unter den gönnerhaften Blicken des Portiers, Filmrollen mitnehmen konnten, zogen wir am nächsten Tag mit einem Leiterwagen vor das Wien-Film-Tor und transportierten eine große Menge davon ab.

Diese Transporte organisierten wir durch zwei Tage hindurch, so daß wir über einen genügenden Filmvorrat verfügten.

Vom Vater eines Mitgliedes unserer Bande erhielten wir einen uralten 32-mm-Vorführapparat, der mit einer Handkurbel zu betätigen war. Es war ein Kindervorführapparat, und die Spulen waren dementsprechend klein, weil man darauf früher Kurzfilme, hauptsächlich die Grimmschen Märchen, vorführen konnte.

Werbung für tragbaren Transistor-Plattenspieler

Besonders faszinierte uns der Einmarsch Hitlers in Wien, den wir in drei verschiedenen Fassungen sahen. Beeindruckt waren wir vor allem von der unübersehbaren Masse von Menschen, die wie Trauben an einem Rebstock in den Bäumen der Ringstraße saßen.

Es lag nahe, daß wir mehr über diese Zeit wissen wollten, noch dazu, wo das Ende des Weltkrieges ja nicht so weit zurücklag, aber fast alle, die wir aus der weiteren und näheren Umgebung befragten, hüllten sich in Schweigen.

Mein Vater schmetterte die Frage mit dem lakonischen Satz „Die Nazis habe ich nie gemocht!" ab. Er hatte es leichter, weil er als politisch unzuverlässig eingestuft war und sozusagen eine „reine Weste" hatte.

Andere Väter reagierten mit Aggression, und der eine, der sich nach der Quelle unseres Wissens erkundigte, beschlagnahmte kurzerhand unseren ganzen Filmbestand und brachte ihn zur Vernichtung.

Innerhalb unserer Gruppe bildeten sich verschiedene Fraktionen. Die einen meinten, der Hitler wäre gut gewesen und hätte viel erreicht. Die anderen waren mit seiner Vernichtung einverstanden, und die Dritten der Gruppe hielten sich bedeckt, weil sie sowohl der einen wie der anderen Aussage mißtrauten.

Dann kam die Mittelschulzeit. Wir wurden reifer im wahrsten Sinne des Wortes und erhielten noch weniger Auskünfte als einige Jahre zuvor. Für fast alle Geschichtsprofessoren war die

Wir montierten diese Spulen ab. Ein ausrangiertes Leintuch diente als Leinwand, einer stand mit einer Rolle, die auf einen Kochlöffel aufgespießt war, hinter dem Vorführapparat, und vor diesem war ein Wäschekorb, in den das gezeigte Material fiel.

So gab es Einmalvorführungen, weil das unaufgerollte Material im Wäschekorb von uns ins Freie getragen wurde und dort in einer Blitzaktion verbrannte.

Wir sahen z. B. „Die Feuerzangenbowle", wenn auch nicht komplett, weil nur zwei von fünf Spielfilmrollen vorhanden waren, und die Entwicklung des Nationalsozialismus in Wochenschauberichten und in den üblichen Propagandafilmen.

Nazizeit bis weit über die 50er Jahre hinaus tabu.

Für mich brachte erst der Schulausflug nach Mauthausen das prägende Erlebnis und die negative Benotung der Nazizeit und ihrer Greuel.

Daß im Jahre 1956 schon dieser Besuch in Mauthausen möglich war, lag am Engagement eines einzelnen Lehrers. Dem Gros der Lehrerschaft fehlte dieses, nahm aber nicht weiter wunder, hielten sich doch auch die staatstragenden politischen Parteien mit der Aufarbeitung dieser Thematik zurück, und es hätte, wäre dies damals geschehen, nicht jene Probleme gegeben, die heute daraus entstanden sind.

Wie beeinflußbar eine Gruppe Jugendlicher, wie wir es zum damaligen Zeitpunkt waren, ist, zeigt sich am Beispiel von einem von uns, der der Sohn jenes Vaters ist, der unser Informationsmaterial vernichtete. Er wurde überzeugter Nationalsozialist und Sekretär von Dr. Burger.

Ausgehend von dieser Schilderung eines relativ belanglosen Vorfalls aus den 50er Jahren kann und muß man erkennen, wie wichtig politische Erziehung und Vermittlung von politischer Kultur und Aufklärung als Bildungsfaktor sind. Beim heutigen Wissensstand der überzogenen Informationsgesellschaft erinnern mich die bewiesenen hohen Zahlen von Zugriffen auf ähnliches Nazimaterial, wie unseres war, im Internet, daß man dagegen nur durch gezielte und erzieherische Methoden einer stringenten Aufklärung antreten kann.

„Werbung nützt der gesamten Volkswirtschaft"
und schafft erfreuliche
Zukunftsperspektiven für die Jugend

Die dazu notwendige Offensive für eine bessere und umfangreichere Bildung unter der Voraussetzung, die den modernen Lernfähigkeiten junger Menschen angepaßt werden muß, kann nicht früh genug erfolgen und sollte ein flammender Appell an die politische Vernunft und Verantwortung aller politischen Parteien Österreichs sein.

Willi Schlager

Wünsche und Träumereien

Ein Knirps von gerade drei Jahren wird also in den Beginn der 50er hineingeschubst, um als 13jähriger Jugendlicher in die 60er entlassen zu werden.

So sind für mich die Eindrücke am Beginn dieser Ära ganz anders erlebbar und erfaßbar gewesen als am Ende desselben Jahrzehnts.

Es war für die meisten eine Zeit des Wiederaufbaus, des Zusammenrückens und vor allem des Teilens. Mein Elternhaus war zwar nicht wohlbestallt, aber es hat nie am Notwendigsten gefehlt. Zumindest war das *mein* Eindruck. Retrospektiv betrachtet und durch Erzählungen meiner Eltern ergänzt, waren die Entbehrungen der Nachkriegszeit für Kinder wohl in den meisten Fällen nicht zu spüren. Der Tisch war immer ausreichend gedeckt. Im Winter hat man auf der Straße nicht gefroren, und im Sommer durfte man im (öffentlichen) Bad plantschen. Ich war also rundum mit dem zufrieden, was das Leben damals einem Kind bieten konnte.

Und außerdem hatte man noch im linken Kleinhirn einen kleinen Ordner mit der Aufschrift: Wünsche. Aus taktischen Gründen war der Ordner nur mit solchen Dingen bestückt, die irgendwie in absehbarer Zeit realisierbar waren. Für Kinder zielte dieses Wunschdenken meist auf Spielsachen und Dinge des einfachen Entertainments ab.

Sogenannte unerfüllbare Wünsche – und diese Kategorie gab es durchaus – hat man in einen weit praktischeren Ordner namens „Träumereien" abgelegt. Diesen konnte man in Mußestunden (z. B. beim Einschlafen, wo man ganz alleine auf sich gestellt war) jederzeit öffnen, durchforsten und beliebig darin schwelgen. Der herankommende neue Tag hat diesen Traumordner wieder leise und sanft geschlossen, und der morgendliche Weckruf avisierte die Realität eines neuen, spannenden Tages.

Daß die Tage spannend wurden für Kinder der 50er Jahre im Volksschulalter, dafür sorgte auch die Tatsache, daß damals das Fernsehen noch nicht in die europäischen Haushalte Einzug gehalten hatte. Dafür war der Drang nach Unterhaltung außer Haus möglicherweise viel stärker als in der heutigen TV- und PC-Welt der Kinder und Jugendlichen. Was sich die Jugend heutzutage elektronisch in die vier Wände hineinholt, haben wir uns vermutlich „live" gegeben. Adventure-Spiele am Computer haben wir in den Wiener „Gstätten" des Nachkriegs bzw. in der freien Natur selbst gespielt und erlebt. Die Abenteuer in den Kellergewölben ausgebombter Häuser lockten allemal mehr als das Anhören einer „lehrreichen" Rundfunksendung.

Wenn man dann einmal der „Traummännlein"-Zeit entwachsen war – d. h. erst wesentlich später als 19 Uhr mit der gleichnamigen Rundfunksendung zu Bett gehen mußte –, dann glitt man in die Ära der sogenannten Halbwüchsigen hinein. Ohne daß sie damals so genannt wurden, denn es war eine unauffällige Altersgruppe, die nach außen hin noch nicht geschlossen in Erscheinung trat. Freundeskreise gab es zwar, aber für eine Bandenbildung war ein Achtjähriger noch zu jung. Nur ein paar Jährchen trennten also die „Halbwüchsigen" von den gerne in Gruppen und oftmals lautstark auftretenden „Halbstarken" und den „Schlurfs". Und wer in dieser Altersgruppe weniger spektakulär auftrat, war schlicht und einfach nur ein Jugendlicher. Aber der Hang, sich mit einer Gang zumindest zu verbrüdern, war vielen Halbwüchsigen eigen.

Das Mode- und Markenbewußtsein war seinerzeit noch nicht derart ausgeprägt wie heute, aber es war für viele Jugendliche auch damals nicht ganz egal, ob und welche Jeans man trug. Natürlich nur außerhalb der Schule. Denn während der Schulzeit waren Jeans ein Reizwort für die Lehrerschaft, und nur Aufmüpfige wagten es, mit Jeans den Lehrern gegenüberzutreten. Ganz zaghaft entwickelte sich schon damals eine gewisse Markentreue bzw. eine Vorliebe für bestimmte Modeartikel (besser: Bekleidungsartikel) eines bestimmten Herstellers. In Wien buhlten damals die beiden bekannten US-Jeanshersteller Lee und Levi's um die Gunst der jungen Klientel.

Die 50er standen in Österreich ganz im Zeichen des Wiederaufbaus, und das deutsche Wirtschaftswunder schwappte auch auf unser Land über. Politisch war die Jugend ziemlich unbelastet. Nur wenige politische Großereignisse konnten uns damals in den Bann ziehen. Es war aber vielmehr die Aufregung, die sich von den Erwachsenen auf uns Jugendliche übertrug. So war der Staatsvertrag 1955 und die damit verbundene Unabhängigkeit für unser Land ein ungeheuer wichtiger Meilenstein in der österreichischen Nachkriegsgeschichte, und wir haben die damit verbundenen Feierlichkeiten miterlebt; aber die politische Tragweite war einem Neunjährigen nicht verständlich.

1956 war das Jahr des Aufstands in Ungarn. Verbunden damit war eine Fluchtwelle aus unserem Nachbarland. Diese Ereignisse hatten mich ziemlich hautnah berührt, denn in unserer Schulklasse wurden zwei Söhne einer Flüchtlingsfamilie aus Budapest aufgenommen und in den Unterricht integriert. Die beiden konnten sich schon ganz gut in unserer Landessprache verständigen (die Familie hatte österreichische Vorfahren), und so erfuhren wir von diesen jungen ungarischen Kollegen, was es heißt, vor einem autoritären Regime zu fliehen und sich über die Grenzen in die Freiheit eines demokratischen Landes zu retten.

Die beiden Neuankömmlinge wurden von uns natürlich verhätschelt und waren in kurzer Zeit als Klassenkameraden integriert.

Es war eine sehr frühe und deutliche Lektion in Sachen Ausländerbehandlung. Uns war deutlich geworden, daß es nicht nur die Geborgenheit innerhalb der gewohnten, elterlichen Umgebung gab, sondern daß auch externe Kräfte das Heil von Menschen und Familien ganz wesentlich determinieren konnten. Überhaupt schwappte damals eine Welle der Entrüstung über die dramatischen Vorgänge in Ungarn auf die Österreicher über. Massive Spendenaufrufe für die Flüchtlinge über Printmedien und den Hörfunk öffneten die Herzen der Österreicher für unsere Nachbarn.

Die Prägung junger Menschen erfolgte in den 50ern nicht nur durch das Elternhaus, sondern auch durch die Schule und durch die dort vorherrschenden Erziehungs- bzw. Lehrmethoden. Generell war die Erziehung deutlich strenger als heute. Besonders in Privatschulen herrschte ein fast militärischer Drill. In öffentlichen Schulen waren die Sitten nicht ganz so streng, aber verglichen mit den heutigen, liberalen Erziehungsmethoden war ein gewisser Gehorsam an den Schulen notwendig, um die jeweilige Schulklasse positiv zu beenden. Das wurde aber keineswegs als besondere Last bzw. Bürde empfunden, sondern galt als ganz „normal".

Lehrbehelfe, Unterrichts- und Schreibutensilien wurden bei Papierhandlungen, die meist in der Nähe von Schulen angesiedelt waren, gekauft. Genaue Vorschriften über Heftausstattungen (zum jeweiligen Unterrichtsgegenstand passend) mußten akribisch eingehalten werden und sicherten den Inhabern solcher Papierhandlungen ein geregeltes Einkommen und darüber hinaus einen langen Sommerurlaub entsprechend den Sommerferien.

Peter Kraus, die Überraschung der Otto-Wahl 1959

Wenn Teenager träumen ...

Die Botschaften der heimischen Schlager

Schwer ist es aus heutiger Sicht, über sie keine Satire zu schreiben. Die deutschen Schlager der 50er Jahre handelten inmitten der biederen Wiederaufbau- und Leistungsgesellschaft von bunten, exotischen Abenteuern, rauhem Seemannsleben, vom brennend heißen Wüstensand und dem ach so fernen Heimatland, von erotischen Eroberungen an südlichen Gestaden, vom Freizeitvergnügen im Bad, im Kino und im Tanzcafé – und sie handelten natürlich von der Liebe. Doch wenn Teenager träumten, dann träumten sie in jenen Jahren des gestrengen Jugendschutzes und der beengten Wohnverhältnisse lediglich von einem ersten Kuß. Und dieser mußte offensichtlich als glückbringendes Synonym für alles, was Geschlechterbeziehungen betraf, herhalten und hat wohl seinen Lohn in sich selbst getragen.

In diesem Sinne sang man ab 1957:

Wenn Teenager träumen,
es küßt sie ein Mann,
das ist für sie schöner,
als der schönste Roman.
Noch schöner als Kino und heiße Musik!
Denn Teenager träumen
so gerne vom Glück ...

Da wurde ausgerechnet *Am Tag als der Regen kam* von Conny auffordernd intoniert: *Pack die Badehose ein*, der wohl ebenfalls unrealistische Wunsch inmitten der 48-Stunden-Woche geäußert: *Siebenmal in der Woche möcht' ich ausgehn!* und *So ein Tag, so wunderschön wie heute* konnte lediglich an arbeitsfreien Sonn- und Feiertagen festlich begangen werden. So nahm es nicht wunder, daß sich mancher dem Anpassungsdruck derart stillen Glücks und der Aussicht auf Eigenheim und eine Zwei-Kinder-Familie vorerst keusch verweigerte und gedanklich aus der Enge der Heimat in eine weite, unabhängige wie männliche Lebenswelt der Legionäre und Matrosen, der Vagabunden und Weltenbummler flüchtete, um den Preis freilich, danach um so stärker von quälendem Heimweh geplagt zu werden.

Der im niederösterreichischen Niederfladnitz als Franz Eugen Nidl-Petz geborene Freddy Quinn galt ab 1956 mit seiner ersten Schallplatte „Heimweh", von der dann zwei Millionen verkauft wurden, rasch als führender Vertreter zeitgenössischer Jugendträume, die schon deshalb selten verwirklicht wurden, weil oftmals eine besorgt war-

„Pack die Badehose ein" singt Conny
für Teenager

kein Scherz,
alles liegt so weit, so weit.
Viele Jahre schwere Fron,
harte Arbeit, karger Lohn,
tagaus,
tagein,
kein Glück,
kein Heim,
und alles liegt so weit, so weit …

So klagt er in seinem Lied „Heimweh", sein Gastarbeiterschicksal in harten Worten verdammend, um kontrapunktorisch aus der Ferne, gemäß der Mahnung der Altvorderen die sanfte Erinnerung heraufzubeschwören:

Dort, wo die Blumen blüh'n,
dort, wo die Täler grün,
dort war ich einmal zu Hause.
Wo ich die Liebste fand,
da liegt mein Heimatland, –
wie lange bin ich noch allein?!

Auch in „Heimatlos", „Der Legionär" und vielen anderen seiner Schlager findet sich die Erkenntnis der Nutzlosigkeit kleinerer und größerer Fluchten aus dem Hier und Heute, denn: *Heimatlos sind viele auf der Welt, heimatlos und einsam wie ich* oder *Fremd ist die Erde, fremd der Himmel, fremd sind die Reden, fremd die Lieder, fremd sind die Herzen und keines schlägt für ihn!* Um folgerichtig in dem vielfach geäußerten Wunsch zu münden:

Ein paar Freunde, eine Liebe,
ein Zuhause, ein Hoffnungs-Glück.

nende Mutter rechtzeitig anzustimmen pflegte: *Junge, komm bald wieder, bald wieder nach Haus* und stets an seine bürgerliche Zukunft, an das Morgen appellierend, wiederholt mahnte: *Ich mach' mir Sorgen, Sorgen um dich.*

Gramvolle Weltferne wie die Einsicht, daß diese abenteuerliche Welt da draußen auch nicht die beste sei, sorgten bald im Sinne der bangenden Mutter für eine Kanalisierung der Gefühle in Richtung Heimat, dorthin, wo schließlich das „Zuhause", das „Hoffnungs-Glück" auch für Freddy zu finden war:

Brennend heißer Wüstensand,
fern, so fern das Heimatland,
kein Gruß,
kein Kuß,

Caterina Valente feiert 1958 mit ihrem neuesten Film „… und abends in die Scala"
einen großen Publikumserfolg.

Freddy Quinns Erfolge mögen durchaus generationsübergreifend auch im Widerschein nicht allzufern zurückliegender Ausbombungs-, Evakuierungs-, Vertreibungs- und Gefangenschaftserlebnisse zu sehen sein, doch ertönen ebenso in der ersehnten Heimat immer noch inmitten der Wohnungsnot nach der Melodie von Erwin Halletz die Worte: *Ein kleines Zimmer für uns drei, für dich, für mich und das Glück.*

Stellte sich also die vielbesungene exotische Fremde schon allein aus pädagogischen Gründen als arger Mißgriff dar, so konnte man bald im Zeichen der Mobilisierung auch daheim als echter Italien-Kenner gelten, sofern man der fernen Kunst und Kultur seine Reverenz erwies und geschickt Liedtitel wie *Arrivederci, Roma*, gepaart mit Verona, in den abendlichen Diskurs einwarf, bei dem man *Bambina oho!* ohne Gewissensbisse auf *Tschitschina ohohoho!* reimte, *Mandolinen und Mondschein, Tschau, tschau Bambina* oder *Rote Rosen, rote Lippen, roter Wein* besang und zudem noch die schwarzweißen Urlaubsfotos, mit notwendig knappen Kommentaren versehen, reihum gehen lassen konnte. Idiomatisch gereiftere und geographisch erfahrene Interpreten griffen dabei gerne, in einer Zeit, in der Caterina Valente den Tanz *Kalypso* fast zwangsläufig mit dem Wort *Tipitipitipso* verband, auf den Schlager *Molto Amore* zurück, in dem sich all jene Residuen fanden, die den Aufenthalt auf der Apenninhalbinsel im Rückblick erst lebenswert erscheinen ließen:

Spaghetti, Ravioli, Chianti und molto
  amore,
molto amore, molto amore,
Spaghetti, Ravioli, Chianti und molto
  amore
sind für mich das Schönste auf der Welt.
Und so wie ich denkt jeder Italiano
von Capri bis Milano, von Rom bis Sor-
  rent.
Sagt meine Frau zu mir,
mein Herz gehört nur dir,
dann sag ich nur immer wieder zu ihr:
Spaghetti, Ravioli, Chianti und molto
  amore,
molto amore, molto amore,
Spaghetti, Ravioli, Chianti und molto
  amore
sind für mich das Schönste auf der Welt.
Si, si, si, si, molto amore, molto amore.
Si, si, si si, molto amore ist das Schönste
  auf der Welt.

Danach waren es natürlich die mitgebrachten *Souvenirs*, die von Bill Ramsay besungen, die *Ananas aus Caracas*, die vor dem Hintergrund einer ausbrechenden Konsumwelle angestimmt wurden, die *Tulpen aus Amsterdam* oder der *Wumba-Tumba-Schokoladeneisverkäufer*, auf die sich nunmehr alle Aufmerksamkeit richteten. Hellhörig gegenüber damaliger Verteilungsgerechtigkeit geworden, hatte jedoch bereits Peter Alexander in einem Franz-Antel-Film vor einem allzu weiten Erwartungshorizont inmitten der Wiederaufbaugesellschaft gewarnt und bescheiden-resignativ erkannt:

Die süßesten Früchte fressen nur die

„Der lachende Vagabund" Freddy Quinn

großen Tiere!
Nur weil die Bäume hoch sind und diese
  Tiere groß sind.
Die süßesten Früchte schmecken dir
  und mir genauso.
Doch weil wir beide klein sind, erreichen
  wir sie nie!

Sie lösen Erinnerungen aus und machen die Vergangenheit wieder lebendig. Die deutschen Schlager der 50er Jahre spiegeln den Geist des Dezenniums wider, aber auch die Träume und Hoffnungen dieses Jahrzehnts, und so traten sie ab zu einer Zeit, als es fast allen wieder gutging und uns die Höhen des nunmehr erreichten Lebensstandards mental erst recht bewußt wurden. *Ich steh' an der Bar und habe kein Geld* tönte es am Ende des Jahrzehnts aus den Radiogeräten und Wurlitzerautomaten, ein Schlager, der bereits die Tragödie der entfalteten Konsumgesellschaft erahnen läßt.

Schlager und Evergreens zum Thema „Souvenirs": Bill Ramsey

Nr. 354
Gr. 38/42
DM 2.25

Nr. 353
Gr. 38/40
DM 2.25

Nr. 352
Gr. 38/42
DM 2.25

Nr. 352   Teenager-Tanzkleid,
vorn mit plissierter Einsatz-
bahn.

Nr. 353   Teenager-Tanzkleid
in zweifarbigem Material, in
der Taille lange Schleife.

Nr. 354   Teenager-Tanzkleid,
Oberteil mit weitem Hals-
ausschnitt und kurzen, ange-
schnittenen Ärmeln, weiter, in
der Taille eingereihter Rock.

1091

Coctail- und Tanzkleider für Teenager zum Selbstschneidern nach Schnittmusterbögen

Peter Alexander

Was uns heute fehlt ...

Die 50er Jahre waren für mich ganz besonders wichtig. Da spielte ich mit Farkas und Waldbrunn im Simpl. Da machte ich im Sender ROT-WEISS-ROT eine beliebte Radiosendung. Da besang ich meine erste Schallplatte. Und ich spielte Theater: Im Bürgertheater mit Heesters und Rökk, im Stadttheater mit Conrads und Imhoff und mit Qualtinger im Theater in der Josefstadt. Da drehte ich mit Franz Antel und Hans Moser meinen ersten großen Spielfilm. Nicht zu vergessen: Da heiratete ich meine Hilde, da kauften wir unser erstes Auto, und da kam unser erstes Kind zur Welt.

Die 50er Jahre waren herrlich aufregend. Es gab nicht viel zu essen, aber wir waren glücklich. Die Zeit war noch nicht so schnellebig und oberflächlich wie heute, das Publikum war einfach zum Niederknien. Es regierte nicht der tierische Ernst, es wurde wunderbar geblödelt, und es entstanden wertvolle Freundschaften.

Man kann sagen: Was uns heute fehlt, wäre so was wie die 50er Jahre.

Karl Farkas während der Aufnahme seiner Rot-Weiß-Rot-Sendung „Aktualitäten" 1950

Das Lachen des Jahrzehnts

Karl Farkas und das Kabarett im Zeichen von Wiederaufbau und Wirtschaftswunder

Freudig war er 1946 von offizieller Seite nach seiner Rückkehr aus dem Exil begrüßt worden, doch weder sein arisiertes Haus noch die beschlagnahmte Stadtwohnung konnte er vorerst beziehen, und auch die offiziellen Versprechen nach Rückgabe des von ihm vor 1938 geleiteten Theaters in der Liliengasse blieben unerfüllt. Erst in der Spielzeit 1950/51 zieht Karl Farkas als künstlerischer Leiter in jenen Keller wieder ein, in dem er bereits in den zwanziger und dreißiger Jahren seine großen Erfolge feiern konnte: in das Kabarett „Simpl" in der Wiener Wollzeile.

Am 8. September 1950 läuft seine gemeinsam mit Klein-Vigo verfaßte Revue „Unter uns gesagt …" mit Cissy Kraner, Fritz Heller, Fritz Muliar und anderen an, die sich schließlich als etwas schwächlicher Start im Wollzeilen-Keller erweisen sollte. „Simpl-Hund, wo hast du deine Zähne?" fragte aus diesem Anlaß besorgt der von der US-Besatzungsmacht herausgegebene „Kurier". „Hat man sie dir ganz ausgerissen und bist du durch das Alter schon so geschwächt, daß du nicht einmal mehr knurren kannst?"

Unbeeindruckt davon startet Farkas am 17. Oktober seine zweite Revue „Dienst am Kunden", ein zeitgemäßer Wiederaufbau-Bilderbogen, der den Untertitel „Ein Rundgang durch das (öster)reichhaltige Warenhaus in 20 Abteilungen" führt. „Mit Karl Farkas ist wieder Humor und gute Laune eingezogen", konstatierte nunmehr der „Kurier". „Zum erstenmal hat er die Texte gemeinsam mit Hugo Wiener geschrieben und die Leistung dieser beiden Autoren hat aus dem Kabarett wieder das gemacht, was es immer sein sollte: eine Stätte der Kleinkunst." „An politischen Bissigkeiten fehlt es diesmal nicht, das Zähnefletschen des Bulli wird jedoch durch seine augenscheinliche Gutmütigkeit Lügen gestraft", urteilt die „Wiener Zeitung" über das Programm. Und so sollte es auch bleiben.

Nunmehr und bis in die Mitte der sechziger Jahre hinein schreibt er gemeinsam mit Hugo Wiener das Programm, führt er Regie, conferiert und tritt er jetzt gemeinsam mit Cissy Kraner, Ernst Waldbrunn, Heinz Conrads, Peter Wehle, Fritz Heller und Franz Marischka auf. Zu Silvester hält er vor dem Vorhang des „Simpls" eine Neujahrsrede, in der er der schmerzlichen Vergangenheit gedenkt und dann von der Zukunft spricht, auf die er wie auch der „Simpl" eben von neuem zu setzen beginnen.

Karl Farkas, Heinz Rühmann und Heinz Conrads

Im März 1952 begeht Farkas gemeinsam mit dem Rundfunk „40 Jahre Simpl", und die „Wiener Zeitung" lobt aus diesem Anlaß: „… was wäre der Simpl heute ohne diesen wendigen, geistreichen, nach allen Seiten Gift spritzenden Plauderer."

Mit seiner zweiten Premiere hat er dann auch bereits das Erfolgsrezept sämtlicher kommender „Simpl"-Revuen gefunden, deren gleichbleibenden Programmaufbau er nunmehr bis ans Lebensende beibehalten wird: Ein loser Faden von wortspielerischen Conférencen, der die einzelnen Sketches, Ensembleszenen, Chansons und Couplets verbindet und zum Höhepunkt des Abends hinführt, der Doppelconférence.

Mühelos fügt er sich dabei in den kulturpolitisch restaurativen Konsens der fünfziger Jahre ein und conferiert ab nun gegen Festspielrummel und Bürokratie, Ehefrauen und Schwiegermütter, gegen die verkommene Jugend, die schlechten Filme und den mißliebigen Massentourismus, über den er schließlich formuliert: „Die Reiselust der Deutschen macht sie wieder zur gefährlichen Nation."

Derartige Conférencen wird ihm keiner so leicht nachmachen, mit seinen Wortspielen deckt er die zahlreich in der Sprache verborgenen Doppeldeutigkeiten ebenso auf, wie er vom erhöhten Standpunkt herab die Ernsthaftigkeit vieler Probleme ins Lächerliche wendet. „Kaum ist man über den Berg", monologisiert er einmal, „geht's auch schon wieder bergab!"

Auch findet sich in seinen Programmen wiederholt vorsichtige Kritik an den Besatzungsmächten wie an der Großen Koalition, spricht sich Farkas darin gegen Militär und Krieg aus und unterstreicht neben den zahlreichen Aufbauleistungen des Landes stets auch dessen neutrale Position und nationale Eintracht, wobei er damit durchaus offizielle Argumentationsmuster wiederholt. So wird ihm mit der neuen Revue „Kolumbus entdeckt Amerika", in der erst- und letztmalig auch Peter Alexander im „Simpl"-Keller auftritt, sowie dem darauffolgenden Programm „Rechts oder links" vom „Kurier" im März 1951 bestätigt, daß nunmehr die korrekte politische Positionierung gefunden sei, bei der die Hiebe gleichermaßen verteilt werden, ohne zu verletzen: „‚Rechts oder links‘, das ist die Frage, die der Simpl in seinem neuen Programm stellt, und sie selbst damit beantwortet, daß noch immer der Mittelweg der beste ist."

Diesen Weg der innen- wie außenpolitischen Äquidistanz, anfänglich im Rahmen der Bedingungen des kalten Krieges entwickelt, wird er nicht mehr verlassen und so blieben die treuen Besucher des Wollzeilen-Kellers stets generations- und gesellschaftsmäßig unter sich und wußten, was sie erwartete: „Das Kabarett soll seine Aufgaben in politischer Hinsicht, in der Möglichkeit, schlechte Menschen gut zu machen, nicht überschätzen", lautete diesbezüglich auch das Credo von Karl Farkas, „ich will die Leute lachen machen, und wenn sie später nachdenklich werden, gut! Moralische Anstalt, bitte nein!"

So findet sich in der Revue „Götz von Berlichingen", die allerdings vorwiegend von der Institution der Ehe handelt und laut „Simpl" von Dionys, dem Tyrannen gegründet wurde, etwa der Vier-Mächte-Sketch „Abschied von Österreich", eine Zukunftsvision aus dem Jahre 1988, in dem die Alliierten das besetzte Land endlich verlassen möchten, die Einheimischen dies aber nicht zulassen.

Wenn auch das Frühjahrsprogramm 1953 „Gehupft wie gesprungen" mit seiner nun schon traditionellen Doppelconférence von Karl Farkas und Ernst Waldbrunn erneut erwartungsgemäß

ein „ganz großer Erfolg" wird, Cissy Kraner den Schlager ihres Gatten Hugo Wiener „Aber der Nowak läßt mich nicht verkommen" zum Sensationsereignis macht und die Zeitungen Karl Farkas „zum letzten großen Vertreter des Genres" ernennen, so schleichen sich dennoch bald leise Töne der Kritik ein. „Der Barbarossabart der Alliiertenwitze gehört allerdings im Zeichen der Entspannung rasiert!", hatte der „Kurier" zuvor bereits empfunden und das meint wenig später auch die rote „Arbeiter-Zeitung", die an dem Programm „Wir sehen schwarz" bemäkelt: „Manche Bilder dieser Revue leben nur noch von der Possenreißerei und manche sterben daran, daß man sich allzu deutlich auf der Linie des geringsten Widerstandes bewegt, wie überall dort, wo es um Politik und die Besatzungsmächte geht und man auf allzu billige Weise es nur dort auf etwas ankommen läßt, wo man nichts zu fürchten braucht …"

Doch ebendiese Revue erweist sich dann mit den neu hinzugekommenen Ensemblemitgliedern Elly Naschold und Carl Böhm als Kassenschlager, der „Kurier" vermeldet im Februar 1955 deren zweihundertste Aufführung, und das Organ der britischen Besatzungsmacht, die „Weltpresse", kommentiert elegisch: „So schwebt dieser Nowak als Schutzgeist über allem."

Nach Unterzeichnung des Staatsvertrages, nach einem ersten „Simpl"-Gastspiel im jungen Medium Fernsehen und nachdem Karl Farkas nunmehr auch die künstlerische Leitung des „Intimen

Theaters" in der Liliengasse übernommen hat, beginnt man in der Herbstrevue „Kalt und warm" den Schock der Befreiung und den damit verbundenen Abzug der „Vier im Jeep" thematisch und therapeutisch zu verarbeiten. „Gibt's keine Besatzungsmächte mehr, die die Pointen im Land servieren", urteilt der linksgerichtete „Abend", den es ebenfalls nicht mehr lange geben sollte, „so verfolgt man sie eben in der Heimat – und uns bleiben ja immerhin das Bundesheer als komische Nummer, und die Besatzungskinder." In diesem Sinne treten Fritz Muliar als unvermeidlicher Russe und Fritz Heller als bewährte Figl-Parodie auf, ein Nobelheuriger wird in Sibirien eröffnet, und die Mozart-Festspiele finden in Texas statt, während Cissy Kraner als verlassenes Salzburger Ami-Girl singt: „Wie schön war es unter den Soldaten!"

Am 5. März 1957 startet die Premiere von „Nie wieder Frieden!" mit Karl Farkas, Maxi Böhm, Fritz Muliar, Cissy Kraner, Fritz Heller, Beatrice Ferolli und Hans Obonya, in dem sich das „Aschenblödelmärchen" findet, worin eine Braut für einen volksdemokratischen Haushalt dringend gesucht wird (ein Schuh ist bereits vorhanden), ein Bundesheersketch und eine Neubearbeitung des „Weißen Rößls" als große Oper geboten wird. „Die Zeitsatire gedeiht ihnen übrigens am besten in den souveränen Conférencen von Farkas, weniger in einzelnen Szenen", befindet der „Kurier", „als mit jener Schärfe und jenem Ernst pointiert, der solche The-

men nun einmal nicht entraten können." Die Revue „Schmutz und Schund" im Herbst dieses Jahres widmet sich dann dem Heimatfilm und illustriert wieder einmal ohne gebotenem Ernst die allgemeine Weltlage.

Nachdem die Alliierten-Witze langsam ihren Sinn verlieren, konzentrieren sich Farkas und Wiener wieder stärker auf die innenpolitischen Kaffeehausszenen, die ebenso im Park, beim Friseur oder in der Tabaktrafik spielen können und in denen stets ein Monarchist, Sozialist, ÖVPler und Nationaler auftreten. In der späteren Revue „Wir sehen Gespenster" etwa blickt man dann gemäß Karl Valentins resignativer Bemerkung „Die Zukunft war früher auch besser" ein wenig in die kommenden Zeiten und läßt dabei das ÖVP-Mitglied Pfandl und seinen Widerpart Schüsserl auftreten, der allerdings Kommunist ist. Beider Dialog handelt von der Wiederkehr des ewig Gleichen: dem drückenden Staatsdefizit und dessen zukunftsweisender Lösung:

PFANDL: Schuld sind die Roten. Wenn die nicht die Stadthalle gebaut hätten –
SCHÜSSERL (unterbricht ihn): Bei Ihnen sind immer die Roten schuld. Schuld ist das Finanzministerium! Und wer hat das? Die Schwarzen!
PFANDL (stolz): Der Herr Finanzminister Klaus hat aber auch bereits gesagt, daß er keine neuen Steuern mehr einführen wird.
SCHÜSSERL: Und was will er machen?
PFANDL: Die alten erhöhen.

Der Nowak ließ mich nie verkommen

D er „Nowak" ließ uns tatsächlich nicht verkommen, das Chanson brachte uns den größten Erfolg, den wir je hatten. Ich habe es in 40 Jahren Tausende Male gesungen, ein Auftritt ohne Nowak wäre unvorstellbar. Wie so viele Texte meines Mannes hat auch dieser einen realen Hintergrund. Wir waren im Sommer 1954 in Pörtschach am Wörther See auf Urlaub, wo Hugo – wie immer und überall – sofort zu arbeiten begann. Damals schrieb er gerade am Herbstprogramm für den Simpl. Während dieses Kärnten-Urlaubs lernten wir eine bildhübsche Nachwuchsschauspielerin kennen, die mit einem wesentlich älteren Fabrikanten verheiratet war. Und der hieß – ja, er hieß Nowak. Sie sagte nie „mein Mann", wenn sie über ihn sprach, sondern immer nur „der Nowak". Eines Tages gestand sie uns wortwörtlich: „Ich hätte ja schon in der Gosse geendet, aber der Nowak läßt mich nicht verkommen." Hugo und ich, wir haben uns angeschaut und sofort erkannt: Das ist eine Zeile! Mein Mann fragte die junge Frau, ob sie etwas dagegen hätte, würde er ihren Ausspruch als Refrain für ein Chanson verwenden. Sie war damit einverstanden, und er hat den „Nowak" dann noch am selben Vormittag in Pörtschach niedergeschrieben und dazu die Musik komponiert.

Das Lied hat auf Anhieb eingeschla-

Täglich

Die Presse

vor's Gesicht die Zeitung ohne „Brette vor'm Kopf"

gen. Nicht nur in Österreich. Es wurde ins Englische ebenso übersetzt („Mr. Matico wouldn't understand it") wie ins Holländische, und auf schwedisch wurde es von Zarah Leander interpretiert.

Vorher weiß man freilich nie, ob ein Chanson erfolgreich sein wird oder nicht. Ich erinnere mich, daß Hugo, als er den „Nowak" geschrieben hatte, zu mir sagte: „Wenn's nicht ankommt, können wir's ja wieder weglassen!"

Der Nowak läßt mich nicht verkommen
Simpl-Revue „Wir sehen schwarz" –
Premiere: 7. 9. 1954

Ich habe einen Mann, den viele möchten,
Der immer mich bewahrt vor allem
Schlechten.
Ein jeder kennt ihn, NOWAK ist sein
Name,
Ihm dank' ich es, daß heut' ich eine Dame.
Ob angezogen oder als ein Nackter,
Der Nowak hat am ganzen Leib Charakter.
Ich hätte längst ein böses End' genommen,
ABER DER NOWAK LÄSST MICH
NICHT VERKOMMEN

Ich hätt' an vielen Dingen mein Vergnügen,
Ich möcht so gerne in der Gosse liegen,
Ich möchte einmal sinnlos mich besaufen,
Ich möcht' mit einem Freudenmädchen
raufen,
Ich möchte einmal Männer toll verbrau-
chen,
Ich möcht' statt „Memphis" Marihuana
rauchen,
Ich hätt' auch längst schon Morphium ge-
nommen,
ABER DER NOWAK LÄSST MICH
NICHT VERKOMMEN

Ich möcht' einmal bei Vollmond ein Vampir
sein,
Ich möcht' Geliebte von einem Fakir sein,
Damit mich, wenn ich lieg' ohne Matrat-
zen,
Von hinten noch die Nagelspitzen kratzen!
Ich möchte Austern mit der Schale essen,
Ich möcht' mit einem Walfisch mich ver-
gessen,
Ich hab' mir das schon alles vorgenommen –
ABER DER NOWAK LÄSST MICH
NICHT VERKOMMEN

Der Nowak ist zwar einerseits ein Segen,
Doch andrerseits läßt er mich nicht bewegen.
Da stand ein Inserat in einer Zeitung.
Es sucht von einem Nachtlokal die Leitung
Ein junges Mädchen, brav, mit nettem We-
sen,
Das nackert tanzt vor Negern und Chine-
sen.
Den Posten hätt' sofort ich angenommen -
ABER DER NOWAK LÄSST MICH
NICHT VERKOMMEN.

Aus: Cissy Kraner, „Aber der Hugo ließ
mich nicht verkommen". Lieder und Erinne-
rungen. Aufgezeichnet von Georg Markus.
© 1994 by Amalthea in der F. A. Herbig Ver-
lagsbuchhandlung GmbH. München, S. 30–
31.

Gerhard Bronner

Kein Blattl vor'm Mund

(…) Das Autorenduo Farkas–Wiener verfaßte Jahre hindurch eine erfolgreiche Simpl-Revue nach der anderen, es gelang den beiden, ein Simpl-Publikum heranzuziehen, das dem Haus viele Jahre treu blieb. Sogar wenn die Aktivität des dort Gebotenen nur vorgetäuscht war; denn in vielen Fällen handelte es sich nur um Umarbeitungen uralter Texte. Doch das Publikum nahm dies gern in Kauf. Die alten, tausendfach erprobten Scherze wurden zum Markenzeichen des Hauses. Sie verletzten niemanden, sie waren unverbindlich und plätscherten ohne jeden satirischen oder sonstigen Tiefgang an der Oberfläche dahin. Karl Farkas wurde so zum Publikumsliebling und blieb es bis an sein Lebensende.

Daneben aber gab es einige junge Leute, die wußten, daß Cabaret auch anders sein konnte. Sie hatten irgendwann Karl Kraus gelesen, sie durchstöberten Antiquariate nach verschollenen Texten vertriebener Schriftsteller, und plötzlich entdeckten sie Werke, die irgendwann in Wien geschrieben wurden, von denen aber die breite Öffentlichkeit nichts wußte. Ödön von Horváth wurde wieder entdeckt, Jura Soyfer, Peter Hammerschlag, Gerhart Hermann Mostar, Curt Bry und viele andere, von denen in den Lesebüchern ihrer Schultage nichts zu finden war.

Das **„Schallplattl vor'm Mund"** *ist da*

Es hat den Vorteil, daß Sie sich die besten Nummern aus dem Programm zu Hause vorspielen können, ohne die Schauspieler sehen zu müssen

Belästigen Sie Ihre Bekannten!

Ersparen Sie Ihren Freunden einen Besuch in diesem Theater!

Der Halbwilde

Der Karajanuskopf

Bundesbahnblues

Orpheus in der Filmwelt u. a. m.

alles auf einem Langspielplattl,

erhältlich bei den Billetteurinnen.

Sie setzten sich mit Leuten zusammen, die ihnen aus jener Zeit erzählen konnten. Carl Merz war einer, der am Cabaret der dreißiger Jahre mitgearbeitet hatte, Hans Weigel war ein anderer, auch Rudi Weys war noch da, dann kam noch Friedrich Torberg aus Amerika zurück, und jeder dieser Zeitzeugen war sofort bereit, den jungen Interessenten aus dieser Zeit zu erzählen.

Und so erfuhren sie, daß man ein Cabaret-Publikum auch „gegen den Strich" bürsten kann. Daß man auf dem Umweg über das Lachen auch zum Nachdenken anregen kann. Mehr als

INTIMES THE

Direktion: Gerhard Bronner —

Sie haben Glück!

Statt Gerhard Bronner spielt heute

Peter Wehle

BLATTL vor'm MUND

Eine unmusikalische Kabarett-Revue

von Gerhard Bronner, Carl Merz u. Helmut Qualtinger

mit überflüssigen Beiträgen von Georg Kreisler

R.ANG.

das: sie wurden mit der Tatsache konfrontiert, daß Satire eine Waffe sein konnte, mit der man sich gegen Willkür und institutionalisierte Unvernunft zur Wehr setzen konnte.

Die ersten Gehversuche der (damals) jungen Leute fanden im Rundfunk statt. Alle vierzehn Tage gab es im Sender Rot-Weiß-Rot ein Cabaret namens „Brettl vor'm Kopf". Die Reaktion der Hörerschaft war nicht überwältigend, aber es kamen nach jeder Sendung gerade so viele Protestschreiben und wütende Anrufe, daß die Autoren wußten, sie hatten da oder dort ins Schwarze getroffen.

Helmut Qualtinger: „Der Halbwilde", aus dem Programm „Blattl vor'm Mund", Intimes Theater 1956

1952 ging das Team (das sich übrigens niemals einen Namen zugelegt hat) zum ersten Mal auf die Bühne. Helmut Qualtinger sang den „G'schupften Ferdl", Michael Kehlmann parodierte das „absurde" Theater, die Besatzungsmächte wurden lächerlich gemacht, die damals schon in Österreich fest etablierte Korruption wurde ebenso bloßgestellt, wie die kurzsichtig-kleinkarierte Habgier der heimischen Spießbürger – kurz: man versuchte, sich

an den großen Vorbildern der Vergangenheit zu orientieren, ohne jede Rücksicht auf Verbindlichkeit.

Die Reaktion der Kritik war dementsprechend: von „politischer Pornographie" war die Rede, von „vernagelten Autoren" – das Programm hieß ja „Brettl vor'm Kopf" –, auch von berechtigter Entrüstung im Zuschauerraum wurde geschrieben …

Aber das Publikum war anderer Ansicht. Das namenlose Team wurde zum „Geheimtip". Das Programm lief einige hundert Mal vor ausverkauftem Haus, und ein „neuer" Stil des Cabarets war geboren. Es folgten weitere Programme wie „Blattl vor'm Mund", „Glasl vor'm Aug", „Dachl über'm Kopf" und „Hackl vor'm Kreuz". Dazu entstand, kurz nachdem in Österreich das Fernsehen etabliert war, ein TV-Brettl namens „Spiegel vor'm G'sicht". Und zum ersten Mal konnte ein wirklich breites Publikum erfaßt werden. Während von der Bühne aus immer nur jene Zuschauer angesprochen werden konnten, die von vornherein „dafür" waren, erreichte das Cabaret via Fernsehen auch Publikumsschichten, denen es nie in den Sinn gekommen wäre, eine Cabaretvorstellung „live" zu besuchen. Cabaret wurde zum großen Massenkonsumgut – und das in einem Ausmaß, von dem die großen Vorbilder der „jungen" Leute nie zu träumen gewagt hätten.

Das Cabaret war definitiv vom „Geheimtip" zur Institution geworden – mit allen Vor- und Nachteilen einer solchen Metamorphose.

Es dauerte nicht lange, ehe die ersten negativen Reaktionen „von oben" kamen: Anläßlich einer kabarettistischen Polemik gegen irgendwelche Unzulänglichkeiten bei der Exekutive schrieb der damalige Innenminister Oskar Helmer: „… bei normalen Scherzen von Kabarettisten kann man ja getrost zur Tagesordnung übergehen, aber was sich diese Leute da geleistet haben …"

Dem Herrn Minister war offensichtlich nicht bewußt, daß die Autoren keine Sekunde lang die Absicht hatten, Scherze zu schreiben, bei denen man „zur Tagesordnung" übergehen konnte. Ganz im Gegenteil: sie wollten die Waffe der Satire so handhaben, wie sie es von ihren großen Vorbildern gelernt hatten. Ebenso wie diese, nahmen sie dafür willig in Kauf, als „Nestbeschmutzer" und „Vaterlandsbesudler" gebrandmarkt zu werden.

Natürlich konnte das Cabaret nicht die Mentalität der Bewohner dieses Landes verändern. Aber hin und wieder konnten maßgebliche Kreise zum Nachdenken angeregt werden. Mit dem Lied „Der Papa wird's schon richten" wurde ein vertuschter Skandal enthüllt, und einige Jahre danach wurde mit einer Cabaretszene im Fernsehen die Lawine des Falles Borodajkewicz losgetreten – um nur zwei markante Beispiele zu erwähnen.

Aus: Gerhard Bronner, Kein Blattl vor'm Mund. Ein ungeschriebenes Buch. Astor Verlag, Wien 1992.

Das kleine Kino gleich neben dem großen Zuckerlgeschäft

Die Lichtspieltheater von einst

Es wurde nicht immer nur „Sissy" gespielt. Auch Erzherzog Johann, Kronprinz Rudolf, Maria Theresia, Franz Schubert, der Förster vom Silberwald, Hofrat Geiger und Oberst Redl, der alte Kaiser, der alte Dienstmann und der alte Sünder forderten ihr Recht auf bürgerliche Öffentlichkeit ein, und zwar unmißverständlich „Heute", „In Kürze" und „Demnächst in diesem Kino".

Die Kinos an der Ecke besaßen ihr eigenes unverwechselbares Odeur. Es roch zu jeder Jahreszeit nach frisch eingelassenem Ölboden, dem Desinfektionsmittel mit Fichtennadelduft und nassen Regenmänteln. Der kriegsversehrte Billeteur, der undurchsichtige Filmvorführer und die Dame ohne Unterleib an der Kassa trugen graue Arbeitskleidung, wohl um ihre mißbilligende Distanz gegenüber den hedonistischen Vorfreuden des Publikums augenscheinlich zu demonstrieren, wobei sich die Hüterin der dreißig Reihen hölzerner Kinosessel (14. Reihe fußfrei) zudem als militante Vertreterin der gestrengen Jugendschutzbestimmungen erwies. Es war dies eine tief eingesessene, vermutlich durch private Schicksalsschläge gefestigte Charaktereigenschaft, die jedoch an Wochenenden nicht zur Anwendung kam, da an diesen Tagen ein Repertoire gespielt wurde, das der rührige Kinobesitzer händereibend „familienfreundlich" nannte.

Noch ehe das Signal zum Einlaß gegeben wurde, drang dumpf die Abschlußmelodie durch die geschlossenen Flügeltüren, an deren jeweiliger Intonation der gewiegte Lichtspieltheaterkonsument wiederum das dramaturgische Ende des gebotenen Filmkunstwerkes vorausahnen konnte.

Da saß man nun dank taschenlampenbewehrtem Billeteur in der dritten Reihe Mitte (um das lästige Aufstehen zu vermeiden), mit dem nassen Regenmantel auf den Knien und dem raschelnden Zuckerlsackerl („Wiener Mischung") in den Händen und harrte der abendfüllenden Dinge, die da kommen sollten.

Das Vorspiel auf dem Theater begann dann ganz im Sinne althergebrachter Tradition und vermutlich in der Erinnerung daran, daß das Kino früher, in besseren Zeiten, eine Arbeiterbühne gewesen war. Mit Recht hatten dort häufig Weinproben und Weihnachtsfeiern ihre Premieren erlebt, und auch sonst dokumentierte das Haus die patinierten Reste von einstiger Geberlaune fideler Festbesucher im Übermaß.

Zudem hatte bereits der hierzulande nicht unpopuläre J. W. Goethe im ersten Teil seines „Fausts" einen Theaterdirektor auftreten lassen, der vom Dichter unverblümt forderte, daß möglichst vielen Zuschauern Zerstreuung verschafft werde. Dafür, so betonte er, müsse einiges geschehen, brauche es ein „stark Gebräu".

Dem Einbezug geistiger Produkte in die Warenzirkulation waren dann auch die ersten handkolorierten Dias der Kinoreklame gewidmet, die, auf den samtroten, verblichenen Vorhang geworfen, mit der Vorstellung von „Schwechater Lagerbier", „Stocks Eierlikör", „Stroh-Rum" oder „Dujardin" differenzierte Einkommensschichten, doch insgesamt ein fachkundiges Publikum ansprachen.

Mit einer Modeschau samt Conférencier konnten die Vorstadt- und Provinzkinos freilich nicht aufwarten (auch hatten Billeteur und Kassiererin alle in diese Richtung weisenden Vorstellungen des rührigen Kinobesitzers entschieden zurückgewiesen), so daß nach einer zögerlichen Pause der Hauptvorhang geöffnet wurde, um die große weite Welt in Form der „Austria Wochenschau" einzulassen.

Die täuschend ähnlich nachgeahmte Erdkugel, auf der dann musikalisch begleitet die Titelschrift der Wochenschau

projiziert wurde, sollte sinnfällig in Erinnerung rufen, daß die Welt ein Dorf sei und wir in dessen Zentrum lebten, womit einer derart beschaffenen Welt wieder eine gewisse universelle Ordnung gegeben worden sei.

Unverhoffte Weinernten und Weihnachtsfeiern, überraschend angesagte Frühjahrs- und Herbstmessen wurden da geboten und von einer unvergeßlich wandlungsfähigen Kommentarstimme begleitet. Schreckenerregende Unglücksfälle aus fernen Ländern und ebensolche Tanzwettbewerbe aus der näheren Umgebung wurden gezeigt, Politiker in dunklen Trachtenanzügen und dazu passenden Hüten durchschnitten schwarz-weiß-schwarze Bänder (der Farbfilm folgte später), unser Nationalteam verlor wieder einmal ungerechterweise gegen Ungarn, und die jüngst gewählten Schönheitsköniginnen erwarben nicht immer die Gunst des kritisch gestimmten männlichen Kinopublikums.

Und wie andernorts die Kronleuchter himmelwärts entschwanden, der festliche Saal sich feierlich verdunkelte und die Gespräche erwartungsvoll verstummten, so war es in unserem Lichtspieltheater ein seltsam enervierend surrendes Geräusch, mit dem die Seitenvorhänge ruckartig und widerstrebend an den Rand gezerrt wurden, um widerwillig den Blick auf die ganze Leinwand freizugeben.

Und dies war der Augenblick, in dem der Hauptfilm begann.

Die Schauspielerin Greer Garson präsentiert sich in einem Nylontrikot mit eingebauter Korsage

Weibliche Ikone eines Jahrzehnts: Brigitte Bardot

Apropos Hauptfilm: Er hieß an diesem Wochenende „1. April 2000" und unterschied sich von der großkoalitionär gelenkten „Austria Wochenschau" schon allein darin, daß er gleichermaßen von beiden staatstragenden Parteien mit öffentlichen Geldern finanziert worden war.

Er war bereits 1952 gedreht worden, doch was will das bei unserem rührigen Kinobesitzer schon viel besagen. Damals konnte man in der „Wiener Illustrierten" darüber lesen, Absicht des Filmes sei es, nun einmal die „ganze und reine Wahrheit" über Österreichs Geschichte und dessen „stetige Rolle als Opfer" darzustellen. Mit dieser frohen Botschaft sollte der „Österreich-Film in alle Welt hinausgehen" und von dort vermutlich als Wochenschaubericht wieder zurückkehren. „In der Art einer

scharf pointierten Parodie", hieß es damals in der Zeitschrift weiter, „werden einige Epochen aus der österreichischen Geschichte aufgeblendet, womit der Welt und hier im spezifischen Fall einer Untersuchungskommission bewiesen werden soll, daß Österreich während seiner Geschichte nie als Aggressor aufgetreten ist, sondern daß in diesem Land stets die Liebe zum Frieden, das Interesse für die Kunst und die Menschlichkeit regiert haben." Getreu dieser genuinen österreichischen Mentalität zog man, „wie alle anderen auch", recht widerwillig im Troß der Kreuzzüge mit, doch, so vermittelt es der Film, wenn's drauf ankommt, tritt der Österreicher hin vor jeden und rettet kurz entschlossen Europa, die „letzte Festung des christlichen Abendlandes". Prinz Eugen, als Zeitzeuge einvernommen, muß freilich bekennen, „daß er gerne mit seinen Truppen bis in die Türkei gezogen wäre, aber sein Kaiser holte ihn zurück, als der Feind aus dem Land vertrieben war. Und aus dem Feldherrn Prinz Eugen wurde ein Schöngeist." Oder nehmen wir einen beliebig anderen Einheimischen. Karl V. vielleicht, auch so ein Österreicher vom alten Schlag, der sich zugegebenermaßen gerühmt hatte, „daß in seinem Reich die Sonne nicht untergehe", doch wollte er keinesfalls als Imperator die Welt beherrschen, sondern schlicht „die Herrschaft Gottes auf Erden errichten". Waltraut Haas spielt eines jener süßen Wiener Mädls, die „resch und fesch" die Filmhandlung begleiten. Paul Hörbiger mimt den Lie-

Burschikoses Frauenbild – Lieselotte Pulver

Romy Schneider – die heimliche Kaiserin

ben Augustin, der „stets mit seinem Lied, mit Lachen und Humor die Not bezwang". Maria Theresia und Kaiser Franz Joseph „und alles, was in Österreich Rang und Namen hatte, läßt der Film Revue passieren".

Die Präsidentin der Weltschutzkommission führt nun eine Untersuchung gegen Österreich und dessen vermeintliche Aggressionshandlungen durch. „Aber auch sie, die bisher wegen ihrer eisernen Strenge bekannt und gefürchtet war, wird hier in Wien von der Art der Menschen überzeugt und selbst gewandelt", konstatierte die „Wiener Illustrierte". Hilde Krahl ist die Darstellerin dieser Hauptfigur des Films, und ihr zur Seite steht der Präsident des vierfach besetzten Landes, eine schlanke, diplomatische Erscheinung, gespielt von Josef Meinrad, dessen Verteidigung

der Österreicher als reservierte Mitmarschierer in den Kriegen der anderen in dem verständlichen Ausruf gipfelt: „Was verlangen wir denn anderes als Gleichberechtigung? Gleiches Recht für alle. Warum fahren die Vier im Jeep nur bei uns in Wien? Entweder auch in London Vier im Jeep, in Paris, in Moskau und in Washington … oder nirgends auf der Welt, auch nicht bei uns." Fragen über Fragen, doch die Besatzer sind im Jahre 2000 längst schon, so zeigt es der Film, zu rechten Wienern geworden. „Und der alte Sinnspruch erhält durch sie neue Gültigkeit: In der Stadt an der Donau wird selbst der Mohr zum Wiener."

Auch dies bestärkt die Präsidentin der Weltschutzkommission schließlich von der othellohaften Unschuld der Einheimischen. Kurz entschlossen heiratet sie den schlanken, diplomatischen Präsidenten, wäscht ihre Hände in Unschuld und das Land weiß. Dies allerdings erst am 1. April 2000.

Operetten- und Philharmoniker-, Heimat- und Heurigenmusik umrahmten den Film, in historischen und barocker Landschaft agierten bedeutende Schauspieler wie Elisabeth Stemberger, Curd Jürgens oder Helmut Qualtinger im Dienste einer fröhlichen Vergangenheitsbewältigung. Und dennoch war dem Film kein eigentlicher Erfolg im In- und Ausland beschieden.

Auch nicht in unserem Kino an der Ecke.

Es wird hell. Die nächsten Besucher der Halb-neun-Uhr-Vorstellung drängen bereits an der Einlaßtür und lauschen der Abschiedssymphonie. Man verläßt eilig das Lichtspieltheater und schreitet zur Konsumation der im Vorprogramm beworbenen geistigen Produkte.

Und du denkst dir: Nächsten Sonntag gibt es wieder einen familienfreundlichen Film am gewohnten Ort in der dritten Reihe Mitte, mit all seinen eigentümlichen Gerüchen, den Zuckerln, der Wochenschau, dem Billeteur und der scharfäugigen Kassiererin.

Aber nicht mehr in dem kleinen Kino an der Ecke.

In das kommt kein Film, nimmermehr.

Nur das Zuckerlgeschäft steht noch da. Das hat, denkst du dir, nicht einmal das Fernsehen und das Einkaufszentrum umbringen können.

Franz Antel

Österreichs Armee marschiert

Vor dem Drehbeginn um 9 Uhr wurden noch rasch achthundert fesche Schnurrbärte aufgeklebt, und dann ging es los. Zu den Klängen des Deutschmeistermarsches zogen die Truppen im Paradeschritt vor ihrem Kaiser auf – ein farbenprächtiges Schauspiel in den Originaluniformen der Kaiserjäger, Deutschmeister und Bosniaken. Zwei Tage später stand dann ein Aufmarsch auf dem Drehplan. Pünktlich um acht sollte es losgehen. Da stürzte plötzlich Major Käs zu mir herein:

„Tut mir leid, Herr Antel. Wir können nicht ausrücken. Der Herr Minister hat's verboten!"

Das war das Ende! Das ganze Filmprojekt stand und fiel mit meiner Armee. Aber sollten sich unsere Kaiserjäger kampflos ergeben? Niemals!

Käs und ich rasten ins Innenministerium. Kein Minister. Das hätten wir wissen müssen, ein Minister ist prinzipiell nie da, wo man ihn braucht.

Eine mitleidige Seele verriet uns, daß wir ihn im Bundeskanzleramt finden könnten. Dort lief uns durch Zufall Vizekanzler Schärf über den Weg und versprach, den Minister herauszubitten, damit wir ihm die Lage schildern konnten.

Aber dazu kamen wir gar nicht. Minister Helmer erschien, erblickte Major Käs, und schon begann er zu brüllen:

„Wie können Sie sich erlauben, Soldaten für einen Kaiserfilm abzustellen!"

In gewissen politischen Kreisen reagierte man damals auf Kaiser noch recht empfindlich, auch wenn sie nur als Unterhaltungsobjekte fungierten. Ich wollte vermitteln, aber Helmer brüllte auch mich an.

„Was wollen denn Sie? Wer sind Sie überhaupt?"

„Pardon, Herr Minister – ich bin der Regisseur dieses Films. Und ich bin der Ansicht, man kann österreichische Soldaten nicht durch ungeschickte Komparsen darstellen lassen. Das wäre sicher für unser Ansehen in der Welt nicht gut!"

„Das interessiert mich nicht! Ich werde mein Verbot nicht zurücknehmen!"

„Das wird aber schöne Schlagzeilen in den Zeitungen geben!" konterte ich.

Worauf uns der Herr Minister den Rücken drehte und schimpfend abging.

Wir aber standen da wie begossene Pudel und fragten uns, wie es nun weitergehen sollte.

Staatssekretär Graf, der die kleine Rüpelszene von ferne miterlebt hatte, nahm uns mitleidig zur Seite und bot sich an, eine Audienz bei Bundeskanzler Raab zu vermitteln. Das war unsere letzte Chance, den Film zu retten, und in beredten Worten schilderten wir dem

MASKENBILDNER

Antel dreht in Wien den Film „Kaisermanöver",
Aufnahmen von den Dreharbeiten, *Funk und
Film.*

Regisseur Franz Antel bespricht mit dem Skript-
girl noch einmal die Einstellung für die Szene
„Damenwahl", im Hintergrund wartend Eric
Frey und Gunther Philipp.

Nochmals Eric Frey und Gunther Philipp in vor-
schriftsmäßiger Adjustierung.

Kanzler unsere Situation. Er versprach, sein Bestes zu tun.

Fast vierundzwanzig Stunden mußten wir zittern, dann kam der endgültige Bescheid: Es darf weitergedreht werden! Österreichs Armee marschierte wieder für Antel 1954!

Der Film wurde zum größten Kassenerfolg, in Deutschland mußte wiederholt die Polizei ausrücken, um die begeisterten Menschen im Zaum zu halten. Hierzulande jubelten die Leute im Kino, wenn am Schluß des Filmes „O du mein Österreich" erklang, und vielleicht hatte zu diesem Zeitpunkt auch schon Minister Helmer eingesehen, daß man mit einem solchen Film die Menschen glücklich machen konnte, ohne die Demokratie zu gefährden.

Ausschnitt aus dem Antel-Film „Rosen aus dem Süden": Gunther Philipp und Ilse Peternell beim familiären Diskurs.

Waltraut Haas – die neue Wirtin vom „Weißen Rößl"

Waltraut Haas

Ereignisreiche Tage

Für mich waren die 50er Jahre die aufregendsten meines Lebens – nicht nur, daß ich das Glück hatte, nach dem großen Erfolg des „Hofrat Geiger"-Films als „Mariandl" bekannt zu werden, sondern durch ein besonderes Erlebnis, das ich nie vergessen werde:

Im März 1959 wurde ich eingeladen, mit einer Delegation als Vertreterin Österreichs an den internationalen Filmfestspielen in Mar del Plata/Argentinien teilzunehmen – es waren die ersten Filmfestspiele nach der Regierung Perón, welcher auch der Gründer war, und die Probleme begannen bereits beim Hinflug.

Es gab damals noch sehr viele Perón-Sympathisanten, und die gaben die Parole aus: „Kein Filmfestival ohne Perón!"

Wir flogen also am 6. März ab Frankfurt mit der „Panair do Brasil" – die Maschine wurde „der dreimotorige Ozeanklipper" genannt, weil immer einer ausfällt – und so war es auch!

Nach der Zwischenlandung in Lissabon begann plötzlich ein Motor zu brennen – Benzin mußte abgelassen werden, damit wir in Dakar eine Notlandung machen konnten. Nach einem tollen Frühstück um 4 Uhr früh – Weiterflug nach Recife, Rio de Janeiro, São Paulo, Montevideo und Buenos Aires, wo wir drei Tage als Gäste der öster-

Es wimmelt immer noch von Käuzen, die sich in feuchte Tücher schneuzen; – wer mit Verstand die Nase putzt, ein TEMPO-Taschentuch* benutzt.

Tempo Taschentücher

* Verlangen Sie die bewährten TEMPO-Taschentücher jetzt in der praktischen TEMPO-Packung ›2 × 10‹. Aus eins wird zwei. Sie erhalten zwei handliche Päckchen in einem: 10 Taschentücher griffbereit für den sofortigen Gebrauch, 10 Taschentücher sauber und hygienisch verpackt als Reserve. Und ein besonders wichtiger Vorzug: TEMPO-Taschentücher in der neuen Packung ›2 × 10‹ sind jetzt antibakteriell bestrahlt.

reichischen Botschaft sehr verwöhnt wurden und zu Radio- bzw. TV-Interviews gebeten wurden!

Dann der ereignisreichste Tag, an dem wir nur knapp einem Bombenanschlag entkommen sollten:

Ein ganz moderner Zug sollte alle Festivalteilnehmer nach Mar del Plata bringen, nach ca. 3 Stunden Fahrt – eine plötzliche Notbremsung – niemand wußte, was los war – wir standen auf einem Weideland mit Kakteen, sonst weit und breit nichts. Die Journalisten im Zug rannten nervös hin und her, man ließ uns aber nicht aussteigen – und auf unsere Frage, wann es denn endlich weiterginge, bekamen wir die Antwort: „Eine tote Kuh liegt auf den Schienen und muß erst entfernt werden" – eine Notlüge, wie wir später feststellten, als uns Autos abholten, um uns nach Mar del Plata zu bringen.

Dann sahen wir auch, was passiert war: Um das Festival zu verhindern, wurde eine Eisenbahnbrücke in die Luft gesprengt – zum Glück ging der Zeitzünder zu früh los – das verhinderte eine Katastrophe!

Bei unserer Ankunft wurden wir von einer großen Menschenmenge begrüßt, und wir erlebten noch ereignisreiche Tage in diesem schönen Land. Eine große Ehre widerfuhr mir, als ich am Schlußtag, dem 23. März, den Sympathiepreis des Festivals, einen wertvollen Ring, die „Perle des Atlantiks", entgegennehmen durfte!

Prosit 1954 – Gerty van Elmt und Maxi Böhm auf der Titelseite der Zeitschrift *Funk und Film*

Die Popularität des Carol-Reed-Films „Der dritte
Mann" spiegelt sich in verschiedenen Werbeak-
tionen wider

Werbung der „Weltpresse" und „Sascha-Film"
für ein großes Preisausschreiben anläßlich der im
Apollo stattfindenden Premiere am 10. 3. 1950.

Wahlwerbung der KPÖ: Hinter den Karikaturen
von Figl und Schärf erblickte man als „dritten
Mann" die verdächtige Figur des VdU, die mit
den beiden anderen Gestalten gemeinsame Sa-
che macht.

Die Dreharbeiten für den Film „Der dritte Mann"
begannen bereits 1948, die deutsch synchroni-
sierte Fassung lief erst im Frühjahr 1950 in den
Kinos an.

Paul Hörbiger

Hallo Dienstmann!

Der Unterhaltungsfilm-Industrie gelang nach dem Krieg eine – auf wenige Jahre beschränkte – Renaissance. Politische Aufklärungsfilme über die Zeit des Dritten Reichs konnten sich allerdings nicht durchsetzen. In Berlin traf ich den Filmproduzenten „Atze" Brauner, der einen Antinazi-Film nach dem anderen gedreht hat. Dafür erhielt er Körbe voller Auszeichnungen, aber die Leute wollten sich seine gutgemeinten Werke nicht anschauen. In Anlehnung an eine alte Bühnenweisheit beklagte er sich bei mir: „Je preiser ein Film gekrönt, desto durcher er fällt."

Nicht preisgekrönt, aber umso erfolgreicher war unser nächster Film *Hallo Dienstmann*, in dem die Partnerschaft zwischen Hans Moser und mir wahrscheinlich am besten genutzt wurde. Und so kam das Ganze zustande: Regisseur Franz Antel fragte mich: „Du, Paul, hast du net a Idee für an Film mit dir und dem Moser? Da rennen doch die Leute auf jeden Fall ins Kino."

Ich hatte noch ein Projekt auf Lager, das im Dritten Reich abgelehnt worden war. „Na ja, ich wüßt' schon was", sagte ich, „da ist ein echter Dienstmann, den würde der Moser spielen. Und der trifft auf einem Gesindeball einen Herrn, der, als Dienstmann verkleidet, dort ist. Und das bin ich. In Wirklichkeit ist der aber Gärtner, da könnt' ich gleich mein Hobby ein bißl hereinbringen, und es entstehen natürlich die schönsten Verwicklungen."

„Aha, gibt's da auch eine Möglichkeit für Musik?"

„Ja, ich hab' an den Hans Lang gedacht."

„Hast du auch einen Titel?"

„Mir gefällt *Hallo Dienstmann!*"

Noch am selben Tag ist Antel zu einem Geldgeber nach München geflogen. Von dort telegraphierte er: „Gratulation, der Stoff ist angenommen."

Das war das Erfreuliche damals, die Leute fragten nicht lange nach einer Handlung, ich hatte ja dem Antel nur äußerst Nebuloses erzählt. Es hat genügt, daß in dem Film der Moser und der Hörbiger mitspielen. Heute scheint manchmal wichtiger, wer der Redakteur, wer der „Scriptwriter" oder der Kameraassistent ist. Danach hat damals kein Mensch gefragt. Es gab beim *Dienstmann* nur noch eine Korrektur meiner ursprünglichen Idee, ich sollte in Wirklichkeit kein Gärtner, sondern ein Universitätsprofessor sein, der könne sich beim Kofferschleppen noch ungeschickter anstellen. Bald wurde mit den Dreharbeiten begonnen. Partnerinnen waren wieder Maria Andergast, Waltraut Haas und außerdem Susi Nicoletti sowie Annie Rosar als Mosers Schwester.

Da gibt es eine, heute schon klassische Szene, in der Moser und ich den verzweifelten Versuch unternehmen, einen scheinbar tonnenschweren Koffer die Stiegen hinaufzuschleppen. Ich sage laut Drehbuch: „Geh, sag, wo is denn a so a schwerer Koffer besser zum Tragen – vorn oder hinten?"

Darauf Fachmann Moser, in gewohnt grantigem Tonfall: „Na, hinten natürlich, da is er ja leichter."

Und während die Kamera läuft, fällt mir das Extempore ein: „Na, weißt was, Kollege, dann nehm ma ihn doch beide hinten." Der Hans hat daraufhin furchtbar lachen müssen, und wenn man den Film heute anschaut, sieht man noch genau, wie er an dieser Stelle das Lachen erfolglos zu unterdrücken versucht.

Das Extemporieren war überhaupt unsere Spezialität. Franz Antel hat darüber einmal gesagt: „Bei der ersten Probe hat eine Szene 86 Meter gedauert, bei der zweiten 90, und für die Aufnahme haben wir dann weit über 100 gebraucht. Den Rest haben Moser und Hörbiger dazuimprovisiert."

Da fallen mir zwei weitere Extempore aus anderen Filmen ein. Im *Bademeister Spargel* sagte ich spontan zu einem Partner, den ich massiert habe. „Die gewöhnlichen Ärzte sind ja nix wert. Ich kenn' einen sogenannten Augendiagnostiker, der braucht einem nur in die Augen schau'n und schon weiß er, ob der Patient einen Kropf hat."

Als während der Aufnahmen zu *Seine Tochter ist der Peter* Regisseur Heinz Helbig erkrankt war, habe ich ihn

kurzfristig vertreten und der kleinen Traudl Stark den „Auftrag" gegeben: „Wenn du gefilmt wirst, mußt du zu Karl Ludwig Diehl sagen: ‚Warum sind die Knödel rund?'" Das hat sie ihn dann auch gefragt, und man kann sich vorstellen, wie schwer es für einen Schauspieler ist, vor laufender Kamera auf solche Blödeleien zu reagieren. Aber so etwas hat mir immer Spaß gemacht.

Und noch eine Anekdote aus *Hallo Dienstmann*. Moser hat am Bahnhof eine Szene mit einem Bernhardiner. Aus mir unerklärlichen Gründen mag der Hund den tierliebenden Moser nicht. Er bellt ununterbrochen, und Moser nuschelt beleidigt zurück. Unter diesen Umständen kann natürlich nicht gedreht werden. Sage ich: „Kauft's doch dem Bello a Knackwurscht." Ein Assistent tut dies auf Produktionskosten, und jetzt lasse ich wieder Franz Antel sprechen: „Die Haut hat der Moser dem Hund gegeben, die Wurst hat er selbst gegessen."

Das Drehbuch für *Hallo Dienstmann* haben Rudolf Österreicher und Lilian Belmont geschrieben, auf jedem Programmheft steht aber „nach einer Idee von Paul Hörbiger". Das ist übrigens einer der ganz wenigen Filme, für die ich auf Grund dieses Urheberrechts heute noch Tantiemen bekomme, wenn sie in einem Kino oder im Fernsehen gezeigt werden. Als Schauspieler verdient man sich nämlich im Normalfall keineswegs „krumm", wenn die alten Filme immer wieder zu sehen sind. Man bekommt einmal seine Gage und gibt damit alle Rechte an den Produzen-

ten ab. Wenn der Film dann tausendmal gezeigt wird, kann man sich nur über den Erfolg freuen – das Geld kassieren aber andere.

Nach *Hallo Dienstmann* wurden noch einige Moser–Hörbiger-Filme in der gleichen Machart gedreht, unter anderen *Hallo Taxi* und *Ober, zahlen!* Alle waren erfolgreich, und wir hätten eine endlose Serie drehen können, aber Hans Moser ist im Jahre 1964 gestorben. Er war mir ein guter Freund. Sein Begräbnis auf dem Wiener Zentralfriedhof war das eines wirklichen Volkslieblings. Tausende von Menschen kamen, um ihm die letzte Ehre zu erweisen, ich folgte seinem Sarg mit Tränen in den Augen.

Ich habe mir früher meine Filme aus Zeitmangel selten angeschaut, den Großteil kenne ich noch immer nicht.

Aber jetzt finde ich die Zeit, mir die „alten Schinken" anzusehen, wenn sie im Fernsehen gezeigt werden. Ich schau immer mit einem lachenden und einem weinenden Auge zu. Lachend, weil die Erinnerung schön ist und mir Episoden und Erlebnisse aus dieser Zeit einfallen. Und mit einem weinenden Auge, da fast alle Kollegen und Freunde nicht mehr am Leben sind. Der Moser, der Lingen, der Fritsch, der Albers, der Sima, der Imhoff, der Birgel, der Slezak. Die Rosar, Lucie Englisch, die Harvey, die Bleibtreu. Einige der ganz Alten sind noch da, aber ich fürchte, ich bin einer der letzten.

Aus: Paul Hörbiger, Ich hab für euch gespielt. Erinnerungen. Aufgezeichnet von Georg Markus. © 1984 by Langen Müller in der F. A. Herbig Verlagsbuchhandlung GmbH., München, S. 357–361.

Windstille Zeit

Kunst im Keller

„Massaker in Korea", so vermeldet die Österreich-Ausgabe der Illustrierten „Stern" im Mai 1951, „nennt Picasso sein neuestes Bild, das auf einer Pariser Kunstausstellung viel bewundert, viel belächelt und viel beschimpft wurde." Am Ende des Jahrzehnts, im Oktober 1959, persifliert der Kritiker Hans Weigel in der Zeitschrift „Heute" den Dichter H. C. Artmann in dem Artikel: „med ana schwoazzn maschn" von „H. W. Unartmann".

Dazwischen lag ein Jahrzehnt, in dem die traditionelle Kunst und Kultur zur neuen Legitimation des Landes herhalten sollte und dementsprechend offiziell gefördert wurde, während die Sehnsucht nach zeitgemäßer, experimenteller Literatur im neuartigen, exquisiten Sprachliebhabern vorbehaltenem Text der Bundeshymne ihre Erfüllung fand. Es war nicht leicht, in den fünfziger Jahren ein jugendlicher, avantgardistischer Künstler zu sein.

Die Aufführung von J. P. Sartres Schauspiel „Bei geschlossenen Türen" im Konzerthaus-Keller vermeldet die „Wiener Illustrierte" im September 1951, um wenige Seiten weiter vom Wiederaufbau der Wiener Staatsoper und vom Abbruch des traditionsreichen Carl-Theaters in der Prater Straße zu berichten. Zuvor bereits hatte die Zeitschrift in ihrem Kunstbericht jenen ungewohnten „surrealistischen Plastiken" breiten Raum geboten, die den Wiener neuerdings zu der Erkenntnis führen, daß „während der Erschaffung der Welt und ihrer Lebewesen Fehler verübt wurden. Einer dieser Fehler ist zweifellos die Starrheit der Formen der Lebewesen. Hat es wirklich sein müssen, daß alle Menschen mit einem Kopf, einem Rumpf, zwei Armen und zwei Beinen zur Welt kommen – hätte nicht schon vom Beginn der Welt an das Gesetz von der Auflösung der Form Geltung haben können?"

Während in diesem Jahr der im Dritten Reich zum „Maler des Monumentalen" aufgestiegene Rudolf Eisenmenger mit der künstlerischen Ausstattung des neuen Wiener Westbahnhofes beauftragt wird, führt die junge Avantgarde weiterhin unbeachtet bis verspottet ein Kellerdasein vor amtlich verschlossenen Türen.

Salzburger Trachtenkostüme sind anläßlich der Wiener Festwochen 1952 auf der Kärntner Straße zu bewundern, der nicht länger politisch belastete Herbert von Karajan und der einstens ins Exil geflüchtete Paul Hindemith dirigieren im Wiener Musikvereinssaal. Der

Schaufensterwettbewerb anläßlich der Festwochen steht unter dem Motto „Die Wiener Operette", und die Wiener Philharmoniker unternehmen als „Österreichs beste musikalische Botschafter" ihre erste USA-Reise.

„Sie macht das Leben erst lebenswert. Sie läßt uns ahnen, daß sich über den Sümpfen des starren Alltags ein Himmel wölbt", beteuert die „Wiener Illustrierte" im Sommer 1952 unter dem entrückten Titel „Höherer Lebensstandard Kultur", denn: „ob schöpferisch oder empfangend ihr verbunden, immer ist es die Kultur, die uns die unvergänglichen Werte schenkt." Es ist somit, nach Ansicht der Zeitschrift, „der Stand der Kultur, der uns die Höhen unseres Lebensstandards erst recht bewußt werden läßt". In diesem Sinne eröffnen die Salzburger Festspiele ihre Vorstellungen mit Mozarts „Hochzeit des Figaro", dem der „Jedermann", das Spiel vom Leben und Sterben des reichen Mannes, folgen sollte. „Salzburger Festspiele", heißt es in der Illustrierten weiter, „das ist Tradition und immerwährende Erneuerung, das ist festliches Theater, festliches Musizieren in einem festlichen Rahmen, wie ihn die Welt nur einmal hat." Diesen ergreifenden Worten schließen sich die Salzburger Festgäste, unter ihnen Franz Strauss, Sohn des Komponisten Richard Strauss, Prinzessin Auguste von Bayern, Theo Lingen, Ernst Marischka, Egon Hilbert und Präsident Manfred Mautner-Markhof mit Gattin, vorbehaltlos an.

Im Herbst empfiehlt der Bergland-Verlag vorausblickend „wertvolle Geschenke für Weihnachten", darunter die Werke des hochgeschätzten, wenn auch wenig gelesenen Franz Grillparzer und des stammesgeschichtlich orientierten Literaturhistorikers Josef Nadler, und in dieser Vorweihnachtszeit wird in der Secession eine Verkaufsausstellung von Gemälden und Aquarellen des 19. Jahrhunderts abgehalten, „die niemand versäumen sollte, der sich die Liebe zum Bild bewahrt hat".

Der Wiener Art-Club, ein Jahr nach Kriegsende von den Künstlern Kurt Beck und Albert Paris Gütersloh gegründet, feiert am 16. Dezember den ersten Jahrestag seines Lokals „Strohkoffer" mit dem Ehrengast Jean Cocteau im Wiener Kärntner-Straßen-Durchgang, und im Gegensatz zur Secession, dem Künstlerhaus und dem Hagenbund sind es junge Künstler wie Klaus Pack, Kurt Absolon, Wolfgang Hutter oder Heinz Leinfellner, Maler, Bildhauer, Literaten, Schauspieler und Freunde der modernen Kunst, die sich hier unterhalb der Loos-Bar und unter der Leitung von Alfred Schmeller zu Diskussion und Geselligkeit zusammenfinden. Und wie die kleinen experimentierfreudigen Bühnen der Nachkriegszeit hat sich auch der Wiener Art-Club in einem Keller etabliert, um von dort aus mit eigenen Kräften den Anschluß an die europäische Moderne zu finden.

Die Jugend baut das Grazer „Forum Stadtpark"
anstelle des alten Stadtcafés
„Künstler malen für Künstler" – Spendenaktion
für das „Forum-Stadtpark"
Die Bevölkerung nimmt lebhaften Anteil an der
Ausstellung „Entwurf für das Forum-Stadtpark"

Verläßlich und auf wienerische Art verständnisvoll wird dieses Ereignis dann auch im Kleinen Theater im Konzerthaus aufgenommen. Dort persiflieren soeben Gerhard Bronner, Helmut Qualtinger, Michael Kehlmann und Carl Merz in ihrer Kabarettrevue „Brettl vor'm Kopf" den modisch gewordenen Existentialismus und bieten in der Szene „Trauriger Dialog mit einer Gaslaterne" dem Publikum zudem eine Cocteau-Parodie.

Der Kunsthistoriker Werner Hofmann hat damals in der Zeitschrift „Magnum" im Hinblick auf die mindere Akzeptanz der modernen Kunst davon gesprochen, daß man überall auf Bilderwitze und Karikaturen treffen kann, „deren Absicht dahin geht, den beunruhigenden Einbruch von so viel neuer greifbarer Wirklichkeit in unsere Vorstellungswelt zu glossieren".

„Magnum", eine Art Zentralorgan moderner Ästhetik im Zeitalter des beginnenden Massenkonsums, beschäftigte sich in seiner ersten Nummer 1953 ausführlich mit der jungen Künstlergeneration der Zeit, der abstrakten Kunst, der Mode, Fotografie und Architektur, und gelangt zur Ansicht: „Was modern ist, soll schön und vernünftig sein. Es

soll in der reinen Form ästhetisch wirken und irgendwo das Leben praktischer gestalten. Das eben ist die Verbindung von Kultur und Zivilisation in der Moderne." Wichtiger als die Bilder einer Ausstellung seien demnach „schöne Telephonapparate, Schreibmaschinen und Türklinken in unseren Wohnungen und Büros. Wir brauchen Kultur, nicht bloß in Museen deponiert, sondern wieder täglich an der Hand." Und ähnlich wie zuvor schon in der „Wiener Illustrierten" wird der Kunst eine über den Wiederaufbau-Alltag hinausführende Funktion zugesprochen: „Die Gegenstände unserer Zivilisation, vom Kühlschrank bis zur Rechenmaschine, sollen an sich selbst die Kultur des künstlerischen Gegenstandes aufweisen, indem ihre Form unser Erlebnis bereichert, und damit unser Dasein wieder auf ein neues Niveau hebt."

„Die Operette konnte entstehen", stellt Siegfried Kracauer in seinem Werk über Offenbach und die Ära Napoleons III. fest, „weil die Gesellschaft, in der sie entstand, operettenhaft war." Derartige Attribute wird man zwar auch dem offiziellen Österreich der fünfziger Jahre nicht verwehren dürfen, doch war an der Herausbildung einer heimischen Avantgarde keinerlei republikanische Sozietät beteiligt, vielmehr oblag es einigen wenigen Privatpersonen, die neue, abseitige Kunst zu fördern.

Literaturzirkel um Hermann Hakel und Hans Weigel entstanden, einige Kunsthändler begannen, weitab von der offiziell verordneten Hochkultur, sich der Werke der Avantgarde anzunehmen, und schließlich gründete im November 1954 Monsignore Otto Mauer die Galerie nächst St. Stephan, die bald zum Treffpunkt junger Maler wie Mikl, Hollegha, Lehmden, Prachensky, Hundertwasser, Ernst Fuchs, Arnulf Rainer und vieler anderer werden sollte.

Am Ende des Jahrzehnts saßen sie dann alle friedlich im Café Hawelka: Experimentelle, Zeitkünstler, Grenzgänger, Unverstandene, Exzentriker und deren museale Kritiker, die jungen Dichter der Wiener Gruppe, H. C. Artmann ebenso wie Hans Weigel, die betagten Töchter vergessener Jugendstilkünstler und Wittgensteins Neffe, der Staatspreisträger Heimito von Doderer und die armen Dichter der „Surrealistischen Publikationen". Jeder an einem anderen Tisch.

Und Franz Hubmann hat sie alle in einer Fotoserie für die Nachwelt festgehalten.

Arnulf Rainer

Erinnerung

Die bildenden Künstler haben damals alle von Aufträgen der Gemeinde Wien gelebt und diese Peinlichkeiten in den Gemeindebauten erzeugt. Meine Kunst hat man vom Kulturamt (Gaertner, Weissenberger) etc. für indiskutabel und verrückt gehalten.

Deshalb bekam ich nie einen Auftrag oder wurde sofort ausjuriert.

So mußte ich meine Zeit und Energie mit Zweitjobs verschwenden, unter anderem Schneeschaufeln für die Gemeinde Wien (vorwiegend nachts, das war besser bezahlt).

Deshalb ist mein Werk aus dieser Zeit sehr schmal. Wegen letzterem kann ich noch heute „sozialistische Kulturpolitik" nicht leiden.

Monsignore Mauer hat dann für die besten Künstler eine Galerie gegründet und gesorgt, daß wir für unsere Arbeit etwas mehr Zeit und Energie übrig hatten. Sonst hätten die Wichtigsten von uns wegen dieser Kulturpolitik der Gemeinde Wien in andere Berufe abwandern müssen.

Ästhetisch gesehen war Wien damals zu 75% Ostblock. Man kann das an vielen „Ausschmückungen" aus dieser Zeit heute noch sehen.

So war's eben: eine grauenhafte Zeit für die künstlerische Arbeit.

Plakat für KAJAK –Bademode, Entwurf: Paul Aigner (1952)

Millionen verwenden den Philishave Elektrorasierer, Plakatentwurf: Georg Mally (1952)

Schreiben Sie uns bitte. Wir nennen Ihnen gerne Geschäfte, die Huber-Modelle aus Wevenit führen. HUBER-HAUS, Wien I., Salzgries 14

HUBER *Modelle*

Wevenit-Kleider und -Kostüme
formbeständig, knitterfrei, 100%
reine Wolle, Kammgarn, 2 fädig,
zahlreiche modische Farben.

21

Vico Torriani, Annunzio Mantovani und Elma Karlova auf der Titelseite eines Programmblattes
zum Film „Gitarren der Liebe"

Plakat zum Film „Hallo Dienstmann!" mit Paul Hörbiger und Hans Moser, Entwurf: Paul Aigner (1952)

Werbung der „Weltpresse" und „Sascha-Film" für ein großes Preisausschreiben
anläßlich der im Apollo stattfindenden Premiere am 10. 3. 1950.

Mehr als ein Sexsymbol: Marilyn Monroe 1955

Idol der Nachkriegsjugend: James Dean 1955

Der Skandal-Film des Jahres 1950

„… leicht gemacht mit Haas Backpulver“, Plakatentwurf: Gerhard Brause (1954)

Plakat zur US-Gemäldeausstellung „Amerikanische Malerei" (vom 3. bis 18. 11. 1951 in der Akademie der bildenden Künste), *Kulturelle Visitenkarten, Die (Re-)Präsentation der Besatzungsmächte in Wien 1945– 1955*, Katalog der 237. Wechselausstellung der Wr. Stadt- u. Landesbibliothek Nov. 99 bis April 2000

Werbekampagne des Finanzministeriums im Sommer und Herbst 1949 für die „Aufbauanleihe". Diese wurde von der Bundesregierung zum Zweck der Bedeckung außerordentlicher Ausgaben und zur Konsolidierung schwebender Schulden beschlossen. Diese erste Anleihe der Zweiten Republik wurde mit jährlich 5 Prozent verzinst. Entwurf: Wilhelm Donnhofer (1949), *Tagebuch der Straße – Geschichte in Plakaten*

Plakat zur Ausstellung „200 Millionen bauen die Natur um", ab 8. 11. 1952 im Sowjetischen Informationszentrum in Wien 4, Treitlstraße 3. Die Großbauten des Friedens in der Sowjetunion. *Kulturelle Visitenkarten, Die (Re-)Präsentation der Besatzungsmächte in Wien 1945–1955*, Katalog der 237. Wechselausstellung der Wr. Stadt- u. Landesbibliothek Nov. 99 bis April 2000

Ausstellung 200 Millionen bauen die Natur um - Ab 8. Nobvember 1952, 59 x 45 cm, P 11330

Joka-Domus-Modelle (Sitzgarnitur) aus einem *Joka*-Prospekt

Der Traum einer Generation

Ernst Fuchs

Plädoyer für die Rundlichkeit

Im Rückblick auf die 50er Jahre stelle ich mit Bedauern fest, daß der verlängerte Rücken der Frau im allgemeinen nicht mehr so fest ist wie damals. Es hat sich das Erscheinungsbild, vor allem der jungen Frau, dahingehend verändert, daß sie allgemein wie Pilgerinnen auf dem Weg zur Hungerburg erscheinen. Selbst die schlankeren Repräsentantinnen des holden Frauentums wie Brigitte Bardot und Marilyn Monroe zeigen noch Festigkeit. Danach kam Twiggy und die Transparenz Kreiskys.

Als Rock-and-Roll-Tänzer in allen Jahrzehnten tätig, muß ich sagen, in den 50er Jahren flog der Petticoat um rundere Formen. Der attraktive Gegensatz von Mann und Frau kam noch zur Geltung, da das allgemeine Hosentragen noch nicht zur Landplage geworden ward. Auch konnte man bei der Entwicklung von Fotografien noch einiges in der Dunkelkammer erledigen. Die heutige Fototechnik wird rein maschinell erledigt, was aber der skelettierten Gesellschaft von heute entgegenkommt.

In diesem Sinne verabschiede ich mich auch von den 80er und 90er Jahren und sehe einer dicklicheren Zukunft entgegen. Politisch war ich immer in dieser Richtung engagiert und ein Feind der Volksgesundheit. So habe ich auch diesen Brief nicht im Jogginganzug geschrieben.

Mit besten Grüßen
Ernst Fuchs

Milo Dor

Fluchtversuche

Natürlich war ich, so wie viele meiner Generationsgenossen, voller Hoffnung, nach dem grausamsten aller Kriege ein neues Leben zu beginnen, doch in keinem anderen Land wurden einem so viele Bremsklötze an die Füße gebunden, so daß man nur schwer oder überhaupt nicht vom Boden abheben konnte. Da ich als unfreiwillig dahergeratener Tschusch schon früh erkannt hatte, daß man hierzulande als Schriftsteller in einer provinziell gewordenen Umgebung kaum Karriere machen konnte, ging ich 1950 nach Deutschland, mit zwei Mark in der Tasche, die mir der gute, aber arme Franz Theodor Csokor in die Hand gedrückt hatte, samt einem Brief an Erich Kästner, dem damaligen Präsidenten des deutschen P.E.N.-Clubs.

„Du wirst Erich Kästner im Café Leopold in der Leopoldstraße finden."

Mein erster Weg in München führte mich natürlich hin, und Erich Kästner saß tatsächlich im Café Leopold, nahm Csokors Brief in die Hand und griff, ohne ihn zu öffnen, in die Tasche.

„Ist Ihnen mit fünfzig Mark gedient?" fragte er mich.

Er lieh mir nicht nur Geld, er machte mich auch mit Hans Werner Richter bekannt, dem Oberhaupt der Gruppe 47, der mich zu einer Tagung dieser losen literarischen Gruppe einlud.

Nach der Lesung im Jahre 1951 fand ich auf Anhieb einen deutschen Verleger für meinen Roman „Tote auf Urlaub", den alle österreichischen Verlage, denen ich ihn anbot, abgelehnt hatten, weil sie nirgends anecken wollten.

Von da an war ich in den ganzen fünfziger Jahren mehr in Deutschland als in Wien, das heißt, ich reiste immer wieder hinaus, um von den Rundfunkstationen und Fernsehanstalten oder Verlagen Aufträge zu holen, und fuhr dann nach Hause, um hier zu arbeiten. Da ich mein Geld anderswo verdiente und hier niemandem Konkurrenz machte, schienen mich meine Landsleute gern zu haben, weil unsere Freundschaft durch keinerlei materielle Interessen getrübt war. Diese Freundschaft hielt dann auch an, als wir später kleine Geschäfte miteinander zu tätigen begannen, wenn man in der Literatur von „Geschäften" reden kann.

Es muß doch etwas an Wien dran sein, das mich nach vielen Fluchtversuchen immer wieder angezogen hat. Jetzt versuche ich, mich in dieser Stadt, die ich irgendwie lieben muß, zu versöhnen und denke nicht mehr an die Flucht, wie in den fünfziger Jahren.

„Dieses Auto gehört Ihnen!" – Werbung für Leser-Wettbewerb im Februar 1950 in der Tageszeitung
Die Presse, Entwurf: Wilhelm Donnhofer (1950)

Die Zeitschrift als Zeitzeuge

Bilderwelten. Über die Weltenbilder der Illustrierten

Im sonntäglichen Ausflugsgasthaus lagen sie immer stoßweise in einer Ecke der Sitzbank neben dem Ofen, jene tabakbraun bis grün eingefärbten, rund zwanzigseitigen Blätter, bei denen der Aktualitätsgehalt zumeist gering und die Bilder und Berichte vielfach austauschbar waren. Einige Monate bereits waren sie alt, und erst mit der Einführung des Lesezirkelabonnements sollte sich der Aktualitätsrückstand der „Wiener Bilderwoche", der „Wiener Illustrierten", der „Welt-Illustrierten" oder der „Großen Österreich Illustrierten" rasant auf drei Wochen bis vierzehn Tage verkürzen.

In Zeiten, in denen sich das Lokale zum Globalen hin verwandelte und sich im Zeichen eines beginnenden Massenkonsums neue Ufer und Bedürfnisse abzuzeichnen begannen, dienten die Illustrierten in Wort und Bild als Verkünder einer neuartigen Alltagskultur und der Anschaulichkeit einer aktuellen, modernen Gegenwart. Sie hielten den Leser mitunter zur bloßen unpolitischen Zeitgenossenschaft ebenso an, wie sie als Werbeträger für die entstehende Wohlstandsgesellschaft agierten. Im kulturellen Wandel dieses langen Jahrzehnts wird dann auch eine Umorientierung

der Illustrierten als Quelle sichtbar: vom optimistischen, identitätsstiftenden Berichterstatter der Aufbaujahre hin zur Flucht in globale Traum- und Konsumwelten unter steter Wahrung des poltischen Konsenses jener Jahre – des Gemeinplatzes der Mitte.

Im Jahrgang 1950 der „Wiener Illustrierten" beispielsweise, dem, wie im Untertitel versprochen wird, „Großen internationalen Wochenblatt", finden sich auf den 52 Titelblättern neben Wieder- und Neueröffnungen von Festspielen und historischen Gebäuden, neben Tiroler Bergen, Kärntner Seen, Vorarlberger Wäldern, den obligaten Wiener Kunstdenkmälern und den unverzichtbaren Wiener Mädchen auch zahlreiche bekannte Persönlichkeiten, darunter auf mehr als dreißig Titelseiten Filmschauspieler und sonstige Prominente aus der Welt des Luxus und der Moden. Insgesamt werden im Zusammenhang mit Bademode, Ski- und Autofahren, mit Wachauer Tracht und Filmkostümen in diesem Zeitraum 21 junge Frauen abgebildet, während das Weltgeschehen in Form von US-Bombern über Seoul und im Zeichen zukunftsfroher Blattstilisierung lediglich einmal illustriert wird.

Die Illustrierten jenes Dezenniums

üben sich in Enge, Eskapismus und Exotik, das reale Leben bleibt ein fernes Land, das Glück ist noch immer das Glück der anderen und zeigt sich dem Leser vorerst noch jenseits seines eigenen kargen Alltagshorizonts. Der neue Fortsetzungsroman und die Memoiren des Herzogs von Windsor, Kriegsverbrecherprozesse und Hitlers letztes Foto, Fernsehen in den USA und das Wochenprogramm von Radio Wien, Politiker und andere Prominente stehen im Mittelpunkt der Berichterstattung. Zum Zuschauer degradiert, wird das Gefühl des eigenen ungelebten Lebens häufig durch träumerische Bilderwelten der Illustrierten kompensiert, denen damals übrigens eine erstaunlich große Zahl von diesbezüglich fähigen Komparsen zur Verfügung stand. Über die Hochzeit von Grace Kelly, nunmehr Fürstin von Monaco, wird ebenso ausführlich in Wort und Bild berichtet wie über die Krönung Elisabeths in der Westminster Abbey, die kinderlose Kaiserin Soraya fehlt ebensowenig wie Ägyptens Exkönig Faruk, wöchentlich vertreten sind gleichfalls der Tankerkönig Onassis mit der Callas, die Begum mit ihrem Sohn Aga Khan, der Rita Hayworth ehelicht, und natürlich der zwielichtige Playboy Porfirio Rubirosa.

Die im Lande wohlgelittene Korruption und die hochangesehene Praxis der Postenvergabe werden nicht weiter thematisiert, breit wird hingegen über die heimischen Wiederaufbauleistungen und über die Erfolge österreichischer Wintersportler geschrieben.

Kalodont („Die führende Zahncreme Österreichs!") und Lux-Schönheitsseife („Lesen Sie, wie Claudette Colbert über Lux Toilettenseife urteilt"), Cutex-Lippenstift („In aller Welt") und Pitralon, jener unvergeßlich herbe Geruch der fünfziger Jahre, der laut Werbung „der Atmosphäre kraftvoller Männlichkeit" entspricht, Radio- und Fotoapparate, Plattenspieler, Staubsauger und Waschmaschinen, Mittel gegen Damenbart und Haarausfall, Urlaubsangebote in Kärnten und bald auch an der Adria, Kleinwagen wie Lloyd Arabella, Austin 850, DKW Junior, Puch 500 oder Renault 4 CV, PEZ-Box und Haas-Backpulver, SW-Möbel und Nylonstrümpfe – all das findet sich jetzt in den Blättern, deren Titelseiten langsam bunter werden. Und vor allem Bildreportagen aus einem ewigen, unzerstörten wie unzerstörbaren Österreich sind es, die nun häufig aufgeboten werden, um mit Hilfe der Marshall-Plan-Mittel den heimischen Fremdenverkehr wieder zum Leben zu erwecken.

Gegen die unterdessen aus den USA eingetroffenen Jazzklänge, Musical-Melodien und Rock-'n'-Roll-Töne wird anfänglich eine breite Kulturoffensive gestartet, Wiener Festwochen und Salzburger Festspiele dem unliebsamen Kulturimport trotzig entgegengestellt. Und so wird schließlich dieses in der Illustriertenwelt widergespiegelte Jahrzehnt von der Gleichzeitigkeit kultureller Restauration wie vom modernen zukunftsfrohen Wandel gleichermaßen geprägt sein.

Nr. 15
Wien, 11. April 1953
V. JAHRGANG V. b. b.
ÖSTERREICH . . . S 2.—
Vierteljahresabonnement S 26.—

ÖSTERREICH

HEUTE:

Österreichs neue Regierung
Seite 5

*

Zellen, die den Tod besiegen
Seite 2 3

*

Lieutenant Francisca
Junges Mädchen täuscht eine Armee
Seite 6

*

Manuel
geht hinter seinem eigenen Sarg
Seite 7

*

Wovon die Frau im Frühling träumt . . .
Wiener Modereportage
Seite 8 9

*

Die Stimme des Schweigens
G. W. Pabsts neuer Film

NÄCHSTE WOCHE:

3. Festwoche des religiösen Films

*

Hotel zum „Blauen Himmel"
Eine Camping-Reportage

Modereigen aus Wien

Die Sommerkollektionen der führenden Wiener Modeschöpfer bringen zahllose entzückende Überraschungen, die es der Wienerin leicht machen werden, ihre „tragende Rolle" mit gewohntem Charme zu spielen. Unser Titelbild zeigt ein apartes Gardenparty-Kleid aus Organzanylon vom Modellhaus Dobyhal, geschickt in Szene gesetzt von einem der dekorativsten Wiener Mannequins. Der Hut stammt von Susie. Mehr von Wiens neuesten Modeschöpfungen sehen Sie in unserer Reportage auf den Seiten 8 und 9. Foto: Grein

„Modereigen aus Wien", das Titelbild zeigt ein apartes Gartenparty-Kleid aus Organzanylon vom Modellhaus Dobyhal, der Hut stammt von Susie –
eines der Modelle aus der Sommerkollektion der führenden Wiener Modeschöpfer.

Zudem vermitteln die illustrierten Blätter, besonders gegen Ende der fünfziger Jahre, einen verstärkten Wandel hin zu säkularisierten Weltbildern und international normativen Kulturmustern in einem Ausmaß, das die Illustrierten selbst wieder die Rolle des Vermittlers und Stabilisators traditioneller Lebenswelten gegenüber den Anstürmen des technologischen Fortschritts ergreifen läßt, um schließlich am Ende vor der Tatsache zu resignieren, daß der eigentliche Adressat nicht sosehr der Abonnent als der Inserent ist, da Anzeigenerlöse unterdessen rund siebzig Prozent der Produktionskosten abdecken.

Die fremden, ungewohnten kulturellen Zeichen und Symbole der Warenwelt gelangen somit von oben herab unter die Menschen und müssen in den fünfziger Jahren von diesen erlernt und in die vertraute Alltagssprache übersetzt werden. Es ist ein und dieselbe eigentümlich eindringliche Sprache, die sich am Anfang des Jahrzehnts auf Illustriertenseiten, in Wochenschaukommentaren, bei Radioconférenciers oder Modeschauansagern findet: Sie soll bewußt bieder und volksnah sein, aufmunternd und zuversichtlich stimmen, aber auch die konsumfördernde wie erzieherische Komponente keineswegs vernachlässigen. Kommentar und kommerzielle Werbung sind in dieser Sprache nicht länger trennbar, wenn es in Zeiten des Wiederaufbaus und der entstehenden Konsumgesellschaft etwa um „Zauberformeln" geht, die den beengten, jedoch „gemütlichen" Wohnverhältnissen „von heute Rechnung tragen", wenn die „modernen Heinzelmännchen" unterdessen in der Küche für technische Rationalisierung sorgen, der Patent-Dunstkochtopf eigentümlicherweise den Markennamen „Problem" führt, wenn Amerika „in allen technischen Errungenschaften voranschreitet", wenn die Nährmittelfirma Haas „in künstlerisch hochwertigen Dekorationen den Weg von PEZ-Peppermint und der PEZ-Box über Kontinente und Meere in die fernsten Länder" aufzeigt, Radio Faulhaber auf der Herbstmesse 1951 die Modelle „Famos", „Schatzkästlein", „Feierabend" und „Wiener Bürgerbar" bewirbt, der HMW-Roller an „das Ziel aller Wünsche" leitet, wenn „Mutti", dank Arwa-Strümpfen, „die Schönste" ist und Scherk-Gesichtswasser bei regelmäßiger Anwendung und hoher Frauenbeschäftigung verspricht: „Demnächst heiratet sie den Chef …", denn: „Entscheidend für den Erfolg einer Frau – im Beruf wie in der Liebe – sind immer ihr Aussehen und die echte, natürliche Schönheit ihres Gesichts, vor allem der Zauber eines reinen, gepflegten Teints, wie ihn Scherk-Gesichtswasser so mühelos erzeugt." Ein wenig später wird man dann bereits von „Sexbomben" und „Atombusen", vom „Schürzenjäger" und von seinem angepeilten Ziel, dem „blonden Gift" und der gleichgetönten „Gefahr" lesen können.

Groß orchestral angestimmt werden Sprache und die sie begleitenden Bilder, wenn es um hochkulturelle Ereignisse

„Die Rose vom Wörthersee", Titelbild: Marianne Schönauer und Maxi Böhm
mit einer Preisträgerin

— 105 —

des „Ewigen Österreich" geht. Die Wiederaufbau-Ausstellung nennt sich „Dienst am Volk", und im „Unsterblichen Wien" wird keinesfalls ein Etablissement namens „Sacher" wiedereröffnet, sondern schlicht das „Hotel zur Weltgeschichte", die Staatsoper gegenüber wieder soll, so wird der Leser feierlich instrumentiert, „würdig ihrer Tradition" erneut „Kulturstätte österreichischer Kunst" werden. Das geplante Hilton-Hotel wird mit dem Attribut „fashionabel" versehen, denn in den ausbrechenden Wirtschaftswunderjahren wird sich die Sprache der Illustrierten gleichsam selbst auf die Schulter klopfen und das Erworbene in entlehnten Superlativen zu würdigen wissen.

Somit ist auch der „erste Wolkenkratzer der Welt" laut Angaben der „Großen Österreich Illustrierten" nicht etwa „eine Schöpfung des Landes der unbegrenzten Möglichkeiten, sondern wurde schon vor zweihundert Jahren unter Maria Theresia in Oberösterreich erbaut". Die Sternwarte von Kremsmünster ist es, die hier in hohen Tönen gelobt wird, und in ebensolchen werden in Politikerreden die „Materialschlachten" des Wiederaufbaus beschrieben.

Im Gegensatz zur staatstragenden „Austria-Wochenschau" und den parteinahen Tageszeitungen findet sich jedoch wenig ausgewiesene Politik auf den Seiten der bunten, zumeist ebenfalls dem roten oder schwarzen Koalitions-partner zurechenbaren Blättern. Die Illustrierten waren zumeist Gründungen der vierziger Jahre ohne Verwurzelung in der Ersten Republik und wandten sich als populäre Kulturform von vornherein „an alle", was wieder, eingedenk der gesellschaftlichen Struktur der fünfziger Jahre, meinte: an die ganze Familie. Kinderfotos, Bastel- und Rätselseiten, Fortsetzungsromane, Ehe-, Hausfrauen- und Haustierratgeber, Wohnvorschläge, Rückblenden („Wien vor 50 Jahren", „Auf Entdeckungsfahrt in Österreich") und Standfotos aus beliebten Heimatfilmen – kurzum, das kleine Glück im eigenen Heim – spiegeln dann einen dementsprechend harmonisch ausgewiesenen Zeitgeist wider. Doch diese „Blütezeit der Kernfamilie" sah sich rasch an ihrem unharmonisch krisenhaften Ende angelangt. Bald war es dann die, nach der geringfügigen Rezession des Jahres 1958 beginnende Hochkonjunkturphase, in der sich das herkömmliche Interpretationsmodell der Zeitungen und Zeitschriften aufzulösen begann.

Die relative ökonomische Schwäche Österreichs hatte, als Analogie zum Kammerstaat, in den vierziger und fünfziger Jahren eine Presselandschaft hervorgebracht, die spätestens nach dem Abzug der Alliierten fast ausschließlich von den beiden Großparteien bestimmt war. Welt- und Leitbilder, die darin vermittelt wurden, besaßen notwendigerweise recht eigennützigen Legitimationscharakter. Diese Monopolsituation befand sich schließlich am Ende des Jahrzehnts, bedingt durch den Druck des Marktes, in einer Krise. Moderne Alltags- wie Luxusprodukte ließen sich nicht länger mit konservativem Stil und Layout, veraltetem Rotationstief- statt neuem Offsetdruck und fehlender Farbgebung verkaufen. Das Ende des Jahrzehnts ist somit von einem radikalen Rückzug der Proporzpresse, von Einstellungen und Rationalisierungen, von Medien- und Auflagenkonzentrationen, vom Aufkauf durch westdeutsche Verlage und vom Entstehen erster unabhängiger Blätter gekennzeichnet. Letztlich waren es somit die Bedürfnisse einer modernen Massenkonsumindustrie gewesen, die einen derartigen Wandel bedingten und einen neuerlichen internationalen Modernisierungsschub im Lande auslösen sollten.

Nur die Auslieferung der verbliebenen Illustrierten durch den Lesezirkel sollte weiterhin verläßlich mit dreiwöchiger Verspätung erfolgen.

„Prosit 1956! In der Silvesternacht erschallte vom Turm zu Sankt Stephan zum letzten Mal
das traditionelle „Prosit Neujahr"

Hans Dichand

Jahre der unbegrenzten Möglichkeiten

Manchmal, in der Nacht, setzte ich mich ganz allein in meinen großen Wagen und steuerte die steilen Serpentinen hinauf, von Klosterneuburg auf den Kahlenberg. Auf den kurzen Geraden trat ich auf den Gashebel, und in den Kurven quietschten die Reifen. Ich fühlte mich wie Bernd Rosemeyer oder Rudolf Carraciola, wie die Rennfahreridole meiner Jugend. Das Auto war noch ein Spielzeug für Erwachsene, es verlieh Kraft und Unabhängigkeit. Und wenn ich dann auf die Lichter der Stadt hinunter sah, empfand ich ein ungeheueres Gefühl der Freiheit und wohl auch des Glücks. Ich hatte es geschafft, meine schönsten Träume waren in Erfüllung gegangen. Was war das doch für ein stolzer Tag, als wir unter den Zeitungskopf „Neuer Kurier" die Unterzeile „Österreichs größte Tageszeitung" setzen konnten. Wir waren am Gipfel, und ich ahnte nicht, daß ich bald wieder am Anfang stehen würde.

Aber in diesen 50er Jahren war soviel Anfang. Wenn ich jetzt darauf zurückblicke, so sind sie für mich das entscheidende Jahrzehnt meines Lebens gewesen. Wir waren vom Krieg geprägt und von den Nöten der Nachkriegszeit. Langsam wurde jedoch „Frieden" zu einem konkreten Begriff. Wir waren an einen permanenten Ausnahmezustand gewöhnt. Jetzt lernten wir, uns in einem

normalen Dasein zurechtzufinden. Und die bunten Wohlstandsvisionen, wie sie uns die Hollywood-Filme vorgaukelten, und deren Wirklichkeit ich bei meinem ersten USA-Besuch fast abergläubisch bestaunt hatte, schienen auf einmal auch bei uns in den Bereich des Möglichen zu geraten. Sie wurden greif- und begreifbar. Dabei befanden wir uns mitten im kalten Krieg, waren selber Teil davon, standen 1956 beim Ungarn-Aufstand an der vordersten Front. Die Vorstellung, daß ganz Europa umkippen und unter Stalins Herrschaft geraten könnte, war mehr als ein nächtlicher Alptraum. Verantwortungsvolle Politiker mußten sich Gedanken machen über eine mögliche Teilung Österreichs nach deutschem Modell – und wie sich das verhindern ließe. Heute mögen Historiker darüber streiten, ob der von der KPÖ inszenierte Bauarbeiterstreik 1950 ein Putschversuch war oder nicht, in jenen Tagen empfanden wir einfach die Gefahr, die uns drohte. Wir hatten schließlich erlebt, wie unsere unmittelbaren Nachbarn Volksdemokratien geworden waren.

Darum betrachteten wir die Amerikaner als Schutzmacht, als Garantie unserer Freiheit, obwohl unsere Souveränität bis zum Staatsvertrag durch das Besatzungsregime noch einschneidenden Beschränkungen unterlag. Auch die beiden Großparteien OVP und SPO hatten ein eigenes Freiheits-, Demokratie- und Staatsverständnis. Aus ihrer Sicht schien es für das Land und das Volk – und für sie selber – wohl am besten zu sein, wenn alles fein säuberlich zwischen Schwarz und Rot aufgeteilt würde, Macht, Einfluß, Posten und die Kontrolle der öffentlichen Meinung. Wer immer sich dem widersetzte, störte diese festgefügte Ordnung. Solche Unruhestifter waren eben alle Journalisten, die es riskierten, mit unabhängigen Zeitungen in eine starre, politisch regulierte Presselandschaft einzubrechen.

In der Steiermark hatte ich als Chefredakteur der „Kleinen Zeitung" erfahren, was es heißt, gegen den Parteienstrom zu schwimmen. Ich war gerade 33 Jahre alt, als ich im Herbst 1954 nach Wien geholt wurde, um dort den „Neuen Kurier" zu übernehmen, das Nachfolgeblatt des amerikanischen „Wiener Kurier". Ja, amerikanisch. Die Besatzungsmächte hatten nicht wie in den Westzonen Deutschlands Zeitungslizenzen an freie Verleger vergeben, sondern sich selbst als Herausgeber betätigt. Die Amerikaner betrieben den „Kurier", die Engländer die „Weltpresse", die Franzosen die „Welt am Abend" und die Sowjets die „Österreichische Zeitung". Daneben gab es das „Neue Österreich", 1945 als „Organ der demokratischen Einigung" gegründet und im Besitz von ÖVP, SPÖ und KPÖ, und dann die diversen Parteiblätter mit der sozialistischen „Arbeiter-Zeitung" an der Spitze. Jahrelang galt

sie als die auflagenstärkste Zeitung im Land. Die genauen Zahlen wurden allerdings geheimgehalten. Auch das „Kleine Volksblatt" der ÖVP erfreute sich noch einer großen Beliebtheit. Gegen diese geschlossene Front standen als unabhängige Blätter Fritz Moldens „Presse" und seit kurzem der von Gerd Bacher im Stil eines modernen Boulevardblattes geführte „Bildtelegraf".

So bildeten sich Gegenkräfte, wurden Freiräume geschaffen und scheinbar unantastbare autoritäre Strukturen erschüttert – wenn da etwa Woche für Woche Helmut Qualtinger und Carl Merz in unserem „Neuen Kurier" mit ihrem satirischen „Blattl vor'm Mund" den Mächtigen eine Lektion in Respektlosigkeit erteilten. Die Theaterkritiken eines Friedrich Torberg und eines Hans Weigel wurden zu literarischen Ereignissen. Heimito von Doderer überließ uns seine kryptisch-kritischen Tagebuchnotizen, und Hugo Portisch war für uns überall in der Welt dabei, wo etwas los war. Seine Popularität wurde noch von Heribert Meisel übertroffen, dem unvergeßlichen, unnachahmbaren Sportreporter.

Das Umfeld dieser Erfolgsstory war typisch für die Goldgräberstimmung der 50er Jahre. Dr. Ludwig Polsterer, der Besitzer der Zeitung, residierte im nagelneuen Haus des Fußballbundes in der Mariahilfer Straße. Der junge, steinreiche Mühlenbesitzer hatte mit seiner Filmfirma Cosmopol Helmuth Käutners „Die letzte Brücke" mit Maria Schell und Bernhard Wicki produziert,

Karl Hartls Mozartfilm „Reich mir die Hand mein Leben" mit Oskar Werner und G. W. Papsts „Der letzte Akt" mit Albin Skoda als Hitler. Und der frühere US-Kulturoffizier und damalige Josefstadt-Direktor Ernst Haeussermann hatte Polsterer den „Neuen Kurier" verschafft. So werkten wir an einem modernen Informationsblatt, das ein wenig vom Hauch der großen, weiten Welt in die stickige Atmosphäre heimischer Engstirnigkeit bringen sollte.

Weil sich der Geschäftsmann Polsterer allerdings selber nicht davon befreien konnte und kein Gefühl für Journalismus, Journalisten und das Zeitungsmachen hatte, kam es zum Bruch. Ich mußte im Herbst 1958 gehen. Und im April 1959 erschien die erste Nummer der „Kronen Zeitung". Und nichts blieb mehr so, wie es war, in der österreichischen Presselandschaft. Diese Geschichte begann dann auch in den 50er Jahren, sie wird jedoch auch noch im neuen Jahrtausend weitererzählt und ist noch lange nicht zu Ende …

DER TAG DER FREIHEIT

Der große Augenblick ist gekommen. Nach der Schluß-sitzung des Alliierten Rates werden die Fahnen eingeholt. Das Sternenbanner auf dem Gebäude des Alliierten Rates in Wien geht nieder, nachdem vor ihm die Trikolore und das Banner der UdSSR niedergeholt worden waren. Als letzte Fahne sank dann der Union Jack. Unser Land ist endlich frei!

Die G
Walling
Regieru
brachte
sei kein
Recht.
Außenr

DER ERSTE BEIFALL

und zugleich auch der letzte, der ehrlich gemeint war, begleitete die Abschiedsparade der Soldaten aus West und Ost, als sie vor ihren Hochkommissaren und dem österreichischen Regierungschef

vorbeidefilierten. Bundeskanzler R
Erfüllung zum erstenmal ein Defi
reich als Kanzler eines souveränen

Österreich und seine Menschen hatten im letzten Jahrzehnt wenig Anlaß zur Freude. Nur einmal, an jenem 15. Mai 1955, an dem an historischer Stätte, im Wiener Belvedere, die Unterzeichnung des Staatsvertrages vollzogen wurde, gab es berechtigten Grund dazu. Mit diesem Ereignis hatte sich endlich angekündigt, was Österreich so heiß ersehnt, und wofür seine Menschen unverzagt gekämpft und gearbeitet hatten. Das große Ziel, dem unser aller Sehnen und Denken gegolten und dem unsere verantwortlichen Staatsmänner allen Schwierigkeiten zum Trotz unentwegt gedient hatten, war in greifbare Nähe gerückt. Die vorbildliche Haltung und Bewährung unseres Volkes, zumindest des größten Teiles von ihm, war nicht vergeblich gewesen.

Noch war nicht dem beglückenden Ereignis vom 15. Mai die Freiheit nicht vollkommen. Das Vertragswerk mußte von den fünf Signatarstaaten ratifiziert und im Kreml hinterlegt werden, ehe es in Rechtskraft erwachsen und die Ernte eines zehnjährigen Ringens eingebracht werden konnte. Österreich, als das am Wandel seines eigenen Geschicks naturgemäß am stärksten interessierte Land, ratifizierte als erstes den Vertrag. Die UdSSR folgte, dann waren die USA und England an der Reihe. Am 27. Juli um 10.05 MEZ hinterlegte die französische Republik als letzter der Signatarstaaten. Das Tor zur Freiheit war aufgetan!

Und nun ist sie da, die Freiheit, nun ist sie vollkommen. Die letzten Fesseln, die seit dem historischen Tag im Schloß des Prinzen Eugen Land und Volk noch umklammert hielten, sind gefallen. Souverän ist unser Land, frei sind seine Menschen. Die Zeit der Unterdrückung, die Zeit der Bevormundung ist vorüber. Wir sind in unserem Handeln nur noch uns selbst und unserem Gewissen verantwortlich.

Wir wollen angesichts der Beendigung der Besetzung an all das Furchtbare und Demütigende nicht denken, das uns diese Zeit gebracht und deren Opfer so viele von uns geworden sind. Die Größe dieser historischen Stunde, die uns am 27. Juli endgültig die Freiheit brachte, sollte durch Bitternis nicht getrübt werden. Wenn die Zeit der Unfreiheit überhaupt etwas Gutes in sich barg, dann ist es das in den Österreichern geweckte Nationalgefühl, der Stolz auf ihr Vaterland, das Wissen darum, daß nicht das Gegeneinander, sondern nur das Miteinander Erfolg bringt, vor allem aber die Wertschätzung der uns so lange vorenthaltenen Freiheit.

Dieser Freiheit mit all unseren Kräften zu dienen und sie zu wahren, soll unser Versprechen, soll unser aller Wille sein. Das österreichische Volk hat sich in zehn bitteren Jahren bewährt, es wird auch die Zukunft zu meistern wissen. In einem freien und unabhängigen Österreich.   —er.

Menschenmauern

Gebäude, von dem aus
so lange Zeit gehemmt u
mundet wurde. Die Zie
wären nicht gekommen,
in diesem gleichen Geb
auch der Wandel volla
aus einem entrechteten
souveränen, und aus
freien Volk ein freies w

"**Abgeriegelt**" wur
wiee
bruchsstellen" durch d
beamten, die bei ihren
die "Front der Begeister
gradigen", reichlich zu t
Der Dienst der Ordnung
an diesem für unser Land
würdigen Tag keineswegs
Freude und Begeisterung
überspülen, gerät auch le
nung nur allzu leicht im

...lands durfte Bundeskanzler Ing. Raab
aus dem Mund Botschafters Sir
...dieser sowohl für den österreichischen
...auch für Österreichs Volk zum Ausdruck
...klärte, die endlich wiedererlangte Freiheit
...Menschen, sondern ein wohl erworbenes
...rdigen Tages überreichte Sir Wallinger
...d Elisabeths II. an Bundespräsident Körner.

Auf dem Heldenplatz vollzog sich vor
den Augen von
rund zehntausend Menschen das gleiche Schauspiel.
Die Fahne mit Hammer und Sichel geht nieder,
lebhaft beklatscht und von Beifallsrufen der begeisterten Menschen begleitet, die sich vor der alten
Kaiserburg eingefunden hatten. Um 11.22 waren
auch hier die vier fremden Fahnen niedergeholt.

...g der
...Öster-
...ls den

fremden Soldaten galt der Beifall der Zehntausende jedoch der neuen
Epoche österreichischer Geschichte, die mit diesem Tag, mit dieser
Stunde für unsere Heimat begann. Freie Menschen in einem freien Land!

...zte Stündchen hatte für die Alliierten als Besatzer
...als die Teilnehmer am Akt der Auflö-
...lierten Rates erschienen und die Waffen-
...er Mächte zu ihrer letzten Parade aufmar-
...mit die Mitglieder des Offizierskorps der
...uppen werden, wie dieser sowjetische
...r die nächsten neunzig Tage nur noch
...und, wie bisher, unerwünschte Gäste
...chlsgewalt mehr. Für sie geht das schöne
...nde. Für uns nimmt es seinen Anfang.

Humor und muntere Worte begleite-
ten den
Ablauf der Ereignisse. Spritzig und sprühend wie
kaum in den letzten zehn Jahren, kam auch der
Wiener Witz zum Tragen. Als diese Tommies
mit weißen Tüchern in den Händen zum Gebäude des Alliierten Rates marschierten, fragte
eine Frau aus der Schar der Wartenden: „Ja,
was hab'n denn die? Was is denn des für a
Trupp'n?" „Na", meinte ein schlagfertiger Nachbar, „sch'n net, guate Frau, dö hab'n Hand-
tücher in d'Händ', de gengan jetzt alle bad'n!"

„Fahnen über Wien, Fahnen über ÖSTER-
REICH, grüßten die Stunde der Freiheit, die
endlich für Land und Menschen geschlagen
hatte. Nach 10 Jahren Ende des Parkverbots:
Österreich wird auch fremden Soldaten
nicht mehr länger als ‚Parkplatz' dienen."
Große Österreich Illustrierte, Ausg. 6.8.1955

Für Österreichs Außenpolitik verant-
wort-
lich zeichneten seit 1945 Dr. Karl Gruber und
Ing. Leopold Figl. Dr. Gruber, der heutige Botschafter in Washington, als Außenminister im
Kabinett Figl, und Ing. Figl in seiner Eigenschaft
als Kanzler und in seinem jetzigen Amt. Beide
Männer arbeiteten an dem großen Ziel der
ÖVP-Politik, sie haben einen wesentlichen Anteil am Wandel der Situation unseres Landes.

FAHNEN ÜBER WIEN,
FAHNEN ÜBER
ÖSTERREICH

grüßten die Stunde der Freiheit, die endlich für
Land und Menschen geschlagen hatte. Der hehre
Augenblick, in dem Österreich nach 17 Jahren
endlich wieder zu einem freien, souveränen Staat
geworden war, überstrahlte mit seiner geschicht-
lichen Größe alles Leid, das unsere Heimat und
ihre Menschen zehn Jahre lang zu ertragen und
zu erdulden hatten. „Ende" zeigt die Parkverbots-
tafel im Vordergrund, gleichsam Symbol dafür,
daß nun Österreich auch fremden Soldaten
nicht mehr länger als „Parkplatz" dienen wird.

Franz Kreuzer

Der Schutzengel

Ich möchte zum Thema fünfziger Jahre eine zwar politische, ja weltpolitische Erinnerung beisteuern, die aber auch als sehr subjektiv gelten kann. Ich war nämlich von 1947 (vom Tag meiner Matura an) bis zum Staatsvertragstag am 15. 5. 55 der für die Besatzungsberichterstattung der „Arbeiter-Zeitung", die damals noch mehr als 300.000 Leser hatte, zuständig, das heißt, wie man damals sagte, als „Russenreporter". Fast täglich – seit dem gescheiterten Kommunistenputsch mit fallender Tendenz – fuhr ich auf meiner Puch 125 in die Russenzone Wiens und Niederösterreichs, zumeist auf Grund telefonischer Informationen. Die AZ war nämlich auf Grund ihrer Spezialisierung die eigentliche Zentrale des Widerstands gegen die Besatzungsmacht; die Sicherheitsbehörden waren ja ohnedies diesbezüglich ohnmächtig. Es ging vorerst um Soldatenkriminalität, Raub, Vergewaltigung, später vorwiegend um „Menschenraub".

Als dann der 15. Mai 1955 vorbei war, kam ich allmählich zum Nachdenken: Warum hatte ich, ohne ein Held oder ein Selbstmörder sein zu wollen, ziemlich angstfrei meine tägliche Arbeit getan? Da war wohl das Gefühl, einen Schutzengel zu haben. Nach dem großen Staatsvertragstag wurde mir dann klar, wer mein Schutzengel war: Der Alt-Stalinist Molotow, der vom Kriegsende an zwischen Deutschland und Österreich unterschieden und auf den Staatsvertrag mit Neutralitätsstatus Österreichs hingearbeitet hatte, um einen Riegel in die Nato einzuschieben. Daher wurde weder ein antikommunistischer Politiker noch ein besatzungskritischer Journalist nach Sibirien verschleppt. Die Menschenraubszene spielte sich in dem Bereich ab, den der NKWD bzw. KGB als Spionagewelt betrachtete. Die eigentliche Gescheitheit, die ich mir nachträglich zu bestätigen hatte, war die strikte Weigerung, irgendwie in der Agentenszene mitzuspielen. Man kann das auch Glück nennen.

Rapid—Sportklub 2:1. Probst, Barschandt und Mach schauen dem Tormann Szanwald zu, wie er einen Ball meistert

Vienna—Wacker 1:0. — Wagner (Wacker) schießt kraftvoll aufs Tor, Schweiger (Vienna) kann dies nicht verhindern. Trotz heftiger Wackerangriffen in der zweiten Spielhälfte, konnte die Mannschaft am Resultat nichts ändern

5:0 siegten die Simmeringer über Kapfenberg. — Der Kapfenberger Ribicky (rechts) wehrt einen Angriff von Neubauer ab. Der Sieg ist das Ergebnis der Simmeringer Zielstrebigkeit

Wiener Landhockeymeisterschaft AHC — WAC 0:0. Die AHC-Stürmer (lichter Dreß) wurden von der WAC-Verteidigung ausgeschaltet, wieder kam es zu keinem Tor

Ein rassiges Spiel war das Basketballmatch EKE — Finanz, das 53:41 für EKE endete und ihre Position verbesserte

Im Hernalser Handballderby trennten sich Post und Sportklub 4:4 unentschieden. — Stockinger wirft das Leder über die Sportklubspieler Preschl und Dr. Kallab

**Unsere Toto-Tips der 15. Runde
vom 27. und 28. November 1954**

Nr.	Mannschaft I	:	Mannschaft II	Tip	
1	Kapfenberg	:	Admira	1	2
2	Austria Salzburg	:	Vienna	2	2
3	Stadlau	:	Austria Wien	2	2
4	Austria Graz	:	Sturm Graz	1	1
5	Krems	:	Siegendorf	1	1
6	Arsenal	:	Wolverhampton W.	×	2
7	Westbromwich A.	:	Manchester U.	2	1
8	Preston N. E.	:	Sunderland	1	×
9	Luton Town	:	Blackburn R.	1	1
10	Hull City	:	Fulham	2	×
11	Roma	:	Milan	2	1
12	Racing	:	Lens	1	1
13	Ottmann	:	Korneuburg	1	2
14	Rapid Oberlaa	:	Columbia	1	×
15	ATSV Steyr	:	Enns	1	1

Travnicek: „Simmering gegen Kapfenberg, das nenn' i Brutalität …"

„Sport am Wochenende": Fußball (Rapid – Sportklub, Vienna – Wacker, Simmering – Kapfenberg), Wiener Landhockeymeisterschaft (AHC – WAC), Basketballmatch (EKE – Finanz), Hernalser Handball-derby (Post – Sportklub) sowie Toto-Tip vom Nov. 1954.

Jugendidole

Sport im Zeichen der Sparsamkeit

Im Rückblick scheint es, als wären alle sommerlichen Sonntage damals von einem ewig stattfindenden Fußballmatch Österreich gegen Ungarn begleitet gewesen und laufend von Heribert Meisel eindringlich im Rundfunk kommentiert worden. 1952 wird Rapid österreichischer Fußballmeister, und jener Ballkünstler konnte sich glücklich schätzen, der es nach Abschluß seiner Aktivlaufbahn, wie der Mittelstürmer Ernst Ocwirk etwa, zu einer Tankstelle oder gar zu einem Café in Gürtelnähe gebracht hatte.

Zu Beginn des Jahrzehnts wird der Schwergewichtler Joschi Weidinger Europameister im Boxen, und das XI. Internationale Glockner Ski-Rennen verzeichnet im Juni 1951 neben österreichischen Spitzenläufern bereits starke „Equipen aus der Schweiz, aus Frankreich, Italien und Deutschland", und selbst aus den USA, so berichten die Zeitungen respektvoll, „kommt eine Mannschaft mittels Flugzeug nach Österreich". Mit den Österreichern als Veranstalter werden somit insgesamt die Läufer von sieben Nationen an den Start gehen. Sportler, die außer der Ehre nicht viel mehr an materiellem Gewinn heimbringen werden.

Der Eiskunstläufer Helmut Seibt gewinnt 1952 bei den Olympischen Spielen in Oslo eine Silbermedaille, drei Jahre später erringt die fünfzehnjährige Hanna Eigel in Budapest den Europameistertitel, mit ihr treten Hannerl Walter und Ingrid Wendl ihren Siegeszug im österreichischen Kunstlauf an, der für einige wenige dann zur Wiener Eisrevue führen wird, wo man im Jänner 1953 soeben den hunderttausendsten Besucher mit einem Geschenkkorb feiert.

Als Idealist für sein Land und dessen Fremdenverkehr war damals vor allem der Wintersportler angetreten, um vorerst lediglich mit metallenen Pokalen belohnt zu werden. Den Auftakt zur Skisaison 1952 bildet der Internationale Zugspitzen-Torlauf. Zwar vergeben Olympiasieger Othmar Schneider und Rikki Mahringer durch Stürze ihre Aussichten auf den Sieg, „doch", so trösten die Zeitungen, „bleiben uns mit dem jungen Kitzbühler Toni Sailer und seiner Schwester Rosi zwei Eisen im Feuer". Toni Sailer gewinnt schließlich den Torlauf, und seine Schwester belegt einen zweiten Platz. Wenig später holt sich der junge Kitzbühler Nachwuchsläufer Anderl Molterer mit einem dreifachen Sieg in Abfahrt, Torlauf und

In Zürs am Arlberg dreht Toni Sailer die Außenaufnahmen zu seinem neuen Film ZWÖLF MÄDCHEN UND EIN MANN. Er ahnt nicht, daß er einen Doppelgänger hat, auf den die hübsche Mabel aus Wien hereingefallen ist. Während sie ihr Abenteuer mit einem gebrochenen Knöchel bezahlen muß, landet der falsche „Toni" in New York. Zwei clevere Herren wollen mit ihm über einen Filmvertrag verhandeln.

Toni Sailer dreht in Zürs am Arlberg die Außenaufnahmen zu seinem neuen Film „Zwölf Mädchen und ein Mann". *Bravo,* Ausg. März 1959

Kombination „einen noch nie dagewesenen Einzelerfolg" beim Lauberhornrennen in Wengen. Molterer, „Kind vom Dorfe", wie ihn die Blätter apostrophieren, wird auch Gesamtsieger beim Kitzbühler Hahnenkammrennen im Jänner 1953. „Während des Hahnenkammrennens bleiben die Geschäfte in der Zeit von 10 bis 14 Uhr geschlossen!" stand damals übrigens auf grünen Plakaten, quer über die Auslagenscheiben geklebt, zu lesen.

Der Wintersport dieses Jahrzehnts wird jedoch ganz im Zeichen Toni Sailers stehen. Bei den Olympischen Spielen 1956 in Cortina d'Ampezzo holt er sich drei erste Plätze und bei den Welt-

meisterschaften insgesamt sieben Goldmedaillen und eine silberne dazu. Erstmals hatte das Fernsehen im Rahmen seines Versuchsprogramms die Olympiade ausgestrahlt, wodurch die Popularität der Skistars ins Unermeßliche steigt. Im Februar werden Toni Sailer und die übrigen österreichischen Olympiakämpfer von Cortina am Wiener Westbahnhof von Tausenden jubelnden Menschen im Triumphzug eingeholt. „So etwas hat Wien noch nie erlebt", weiß die sichtlich um Superlative ringende „Wiener Illustrierte" über die schier unübersehbare Menge zu berichten, die an diesem Sonntagnachmittag trotz zwölf Kältegraden den Bahnhof und die anschließende Mariahilfer Straße umlagert, „diese Begeisterung übertrifft noch jene in den geschichtlich gewordenen Märztagen des Jahres 1938".

1959 beendet er den aktiven Skirennsport und spielt ab nun in zahlreichen Heimatfilmen mit, nimmt Schallplatten auf, gründet schließlich eine Skischule und eröffnet ein Hotel in Kitzbühel.

Während Toni Sailer einer der ersten Sportler ist, der seine Popularität zu nützen weiß, machen sich derartige Siege langsam auch für das Land bezahlt. Fast vierzig Millionen Übernachtungen zählt man 1959 im gesamten Bundesgebiet, um 22 Prozent mehr als im Vorjahr, wobei Tirol bei den Ausländerübernachtungen mit 39,8 Prozent und 93.900 Betten eindeutig an der Spitze des österreichischen Fremdenverkehrs steht. Die Deviseneinnahmen aus dem Fremdenverkehr erreichen in diesem Jahr einen Wert von 5,3 Milliarden Schilling, nahezu eine Milliarde mehr als 1958. 1960 wird der Tourismus, „die Quelle unseres Wohlstandes", wie die Zeitungen kommentieren, sechs Milliarden ins Land bringen, und „die Tiroler ernten jetzt", nach Ansicht eines bekannten Tourismusfachmannes, „was sie vor Jahren gesät haben".

1956: Toni Sailer kehrt von den Winterspielen in Cortina mit drei Goldmedaillen heim – hier stellvertretend für unzählige Olympiasieger, Weltmeister und Weltcupstars und nicht zuletzt für die Bedeutung des Wintersports für Österreichs Fremdenverkehr.

Das deutsche Weltmeisterpaar im Eiskunst- und im Rollschuhlaufen Ria und Paul Falk

Ingrid Wendl-Turković

Die 50er Jahre. Ein Trainingsbericht

Als sie begannen, diese Jahre, war ich neun und gerade als Eislauftalent entdeckt worden. Der Generalsekretär des Wiener Eislaufvereines, Adolf Eder, hatte beschlossen, drei talentierte Mädchen, Hanna Eigel, Hannerl Walter und mich als Nachfolgerinnen von Europameisterin Eva Pawlik ein forciertes Training zukommen zu lassen. So sollten die Erfolge des österreichischen Kunstlaufs nicht versiegen. Gezieltes Training hieß in dieser Zeit: kein Schulbesuch während der „Eiszeit". Vier Monate – vom November bis Februar – tägliches Training von 6 Uhr früh bis 1 Uhr mittags und manchmal noch nachmittags, wenn alle Kinder trainierten, in irgendeiner Ecke „Kleinigkeiten" wie Schlingen oder spezielle Schritte. Jede mögliche Gelegenheit, Eis unter die Füße zu kriegen, mußte ausgenutzt werden, weil wir noch keine gedeckte Halle zum Training hatten und unsere Konkurrenten in den USA oder auch England und Deutschland schon in „Icerinks" trainieren konnten, das hieß – das ganze Jahr über.

Ich spüre diese Kälte, diesen Wind, diese eingefrorenen Popobacken, die den Winter über gar nicht mehr auftauten, weil sie vom Hinfallen und Über-das-Eis-Rutschen „tiefkühltruhenartige" Verhältnisse geboten bekamen. Ich spür' das alles heute noch, dieses Auf-

stehenmüssen, um 5 Uhr früh, stockdunkel noch das Nachrennen hinauf zum ersten J-Wagen, der um 5 Uhr 18 die Erdbergstraße hinaufquietschte, und ich rannte die Hießgasse hinauf, denn: wenn ich ihn erwisch', werde ich Weltmeisterin. Wenn ich ihn nicht erwisch', renn' ich weiter zum T-Wagen auf die Landstraße, und dann werde ich doch Weltmeisterin. Weltmeisterin zu werden war mein Ziel. Daran gab's nichts zu rütteln. Kein Platz darunter sollte es sein, das war klar. Und wenn auch Hanna und Hannerl das gleiche Ziel hatten, das macht gar nichts, irgendwie werd' ich sie schon überholen, irgendwie und irgendwann, vielleicht heute schon beim Training …

Und so lieferten wir uns auch täglich eine Meisterschaft. Die eine Gruppe von Zuschauern war für die Hanna, die andere für Hannerl – sie war kleiner als wir beide und hatte noch den „Kinderbonus": *„Jö schau, so klein und kann schon so viel."*

Auf diese Einstufung mußte ich verzichten, die Hanna übrigens auch, also war's wieder gerecht.

Bei aller Härte, die da anklingt, war das ein schönes Leben. Kalt war es auch in den Wohnungen, denn die so feine Zentralheizung, die wir heute nonchalant auf- und abdrehen, war im Nachkriegs-Wien für die allermeisten ein

Sportwochenschau – die amerikanische Renn-
läuferin Kathy Rodolph und der norwegische
Slalomweltmeister Stein Eriksen sind seit 1952
ein Herz und eine Seele.

Traum. Die Realität waren Öfen, einer
oder zwei pro Haushalt, und Brennma-
terial war teuer und rar. Aber wie praktisch für eine Eisläuferin, diese Kühle,
die daheim stattfand: der Unterschied
zum Training im Freien war nicht so
groß. Eine zweite Freude waren mir die
Kinder, die auch trainierten, denn als
Einzelkind wollte ich eine „Hetz" haben, tratschen, kichern, blödeln und un-
tertauchen zwischen den anderen, die
dann auch die strenge und sehr laute
Stimme der Trainerin Herta Wächtler
zu hören bekamen: „Trainierts und
stehts nicht so schief auf dem Bogen –
wozu seid ihr eigentlich da?" Wir wußten es und sie auch.

Das Allergrößte, Schönste bei diesem
Training war dann die Musik. Seit ich
zwei Jahre war, tanzte ich den ganzen
Tag. Meine Mutter fand das zwar recht
anmutig, aber auch anstrengend, denn
ich tat's überall. Zu Hause, auf den Stiegen beim Runtergehen, auf dem Gehsteig, am Markt beim Einkaufen … Ich
hatte immer Lieblingsmelodien, die ich
in mir hörte oder summte, jedenfalls
war immer ein Musikthema parat, zu
dem ich tanzte. Um mich loszuwerden,
schickte sie mich auf den Eislaufplatz.
Dort konnte ich ausleben, was ich in
mir fühlte. Und das war die allerschön-
ste Belohnung für ein langes Pflicht-
und Kürtraining, ein Glücksfall der besonderen Art, ein „Auflösen in der Musik" – so nannte ich es. Ich kenn bis
heute keine ähnliche Freude und weiß,
ich werde sie nie mehr so erleben.

Die Idee von Generalsekretär Eder
hatte Erfolg. In den Jahren 1955 bis 1959
gewannen wir drei alle Europameistertitel. Die Hanna zuerst, dann ich, dann
wieder Revanche durch Hanna 1957.
Aber die Pointe: In Wien bei dieser EM
standen wir drei auf dem Podest. Alle
drei Medaillen gehörten uns. Hanna 1.
Ich 2. Hannerl 3. Trotzdem hat uns ein
Funktionär nicht gelobt nach diesem
Sieg, sondern alle Fehler aufgezählt und
gemeint, daß das Resultat in Ordnung,
aber die Leistung viel besser werden
müßte. Lob als Leistungssteigerung war
nicht angesagt.

Das Resümee dieser Eiszeit waren
für mich zwei Europameistertitel, eine
Bronzemedaille bei den Olympischen

Spielen, Silber und zweimal Bronze bei Weltmeisterschaften und drei österreichische Meistertitel. Ganz fein, um jetzt sich auf Lorbeeren auszuruhen, ich genieße das, wofür ich gar nichts mehr tun muß.

Die 50er Jahre haben mich aber auch in das humanistische Gymnasium in die Kundmanngasse gebracht. Dort erlebte ich – im Gegensatz zum Eislaufverein – einen Schuldirektor, der an mich glaubte: Hofrat Dr. Leopold Malcher, ein Humanist, wie ich mir den personifizierten Zeus, den Göttervater, vorstellte: allumfassend in seinen Ideen, polternd, herzlich und tatkräftig. Ein Trimester weg von der Klasse – die Hauptgegenstände wurden am Nachmittag daheim vom Privatlehrer unterrichtet –, die Prüfungen nachgeholt und mit viel Einsatz und einer gewissen Sturheit –, das kann ich, was andere nicht können – schaffte ich die Matura mit meiner Klasse zusammen in der Zeit. Selbstverständlich Griechisch als Maturafach, denn bei den Griechen durften die größten Helden weinen – bei den Eiskunstläuferinnen galt Weinen immer als Schwäche der besonderen Art.

Wenn ich mich jetzt dieser Jahre erinnere, fehlt mir das politische Denken, das Analysieren dieser Jahre. Der Staatsvertrag war ein Tag der Besinnung, dieser 15. Mai 1955. Es wurde viel von Freiheit und größerem Selbstbewußtsein für unser Land gesprochen.

Ein Gefühl der Inferiorität hatte ich manchmal bei den Internationalen Meisterschaften. Die Amerikaner waren so selbstverständlich in ihrem Auftreten, sie waren auch reicher, Starkleid, Reisen, im besten Hotel wohnen, das war gar kein Problem. Man konnte sie nur ärgern, wenn man sie besiegt, den Platz auf dem Stockerl weggenommen hat. So unpolitisch ich lebte, war mir das ein instinktives Anliegen.

Wie wunderbar daher die Goldmedaillen, die Toni Sailer in Cortina gewann. Am Rande spürte ich, zwar nur mit Bronze ausgezeichnet, doch die neue Beachtung, die uns Österreichern plötzlich entgegengebracht wurde. Ich genoß diese Beachtung wie ein warmes Bad nach einem kalten Training.

Die 50er Jahre, für mich eine Zeit des Sammelns an Selbstbewußtsein. Und so fühlte sich auch für mich das Leben in unserem Land an.

„Arbeit für 100.000": Der im Kamitz-Plan vorgesehene Ausbau der Autobahn zwischen Wien und Salzburg hat bis weit über die Grenzen des Landes hinaus begeisterten Widerhall gefunden. Kosten des Projekts: 3,8 Mrd. Schilling – zu 51% vom österr. Staat getragen, 49% von privaten und ausländischen Geldern. Ein großer Teil der Erdarbeiten und aller nötigen Brückenbauten ist bereits erfolgt.
Große Österreich Illustrierte, Ausg. 21. 2. 1953

Abriß und Aufbau

Restauration und Neubeginn

Lange Reihen gleichförmiger Häuserzeilen in ihrer gleichgültigen Tristesse so weit das Auge reicht, graue drei- bis vierstöckige Zinsbauten mit abblätternden, nässezerfressenen Fassaden voll Einschußlöcher und Luftschutzkellermarkierungen, mit ausdruckslosen Mauern, als hätte jedes Haus in der Straße den Tod eines Angehörigen zu betrauern, mit dumpf drohenden Eingängen, bröckelnden Simsen und alt und müde gewordenen Karyatidenfiguren. Irgendwann in einstigen Gründerzeiten waren sie von spekulationsfreudigen Hausherren errichtet worden, samt Zimmer mit Kabinett, Wasser und WC am Gang, mit der Tabaktrafik, der Plissieranstalt, dem Greißler und einer Änderungsschneiderei zu ebener Erd', mit dunkel erahnbaren Werkstätten im Keller und Hinterhof und dem reblaubengezierten, grünbeschilderten Weinlokal „Zum stillen Zecher" an der Ecke. Gleich einer resignativen Regieanweisung Ödön von Horváths wirkten damals die Straßen der Wiener Vorstädte und bildeten einen riesigen Würgering um das hellerleuchtete Zentrum. Eine urbane Ödlandschaft, verarmt und schäbig geworden, breitete sich rings um den Stadtkern aus, eine staubige Häuserwü-

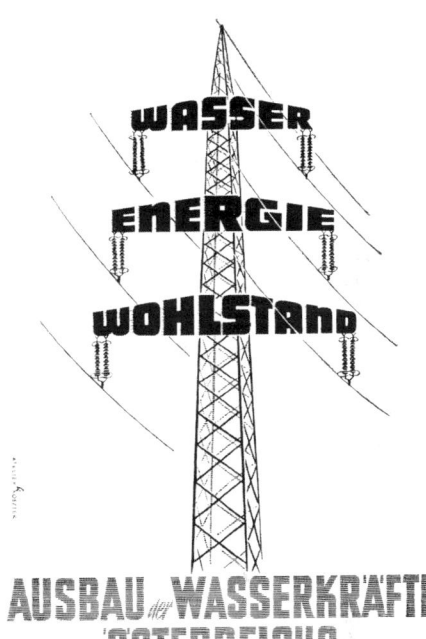

Wasser – Energie – Wohlstand:
Ausbau der Wasserkräfte Österreichs,
Große Österreich Illustrierte

ste, die lediglich hie und da von Bretterzäunen unterbrochen wurde, mit denen man die ausgebrannten Bombenruinen ein wenig zu verbergen trachtete.

Geschwärzte Kriegsreste gab es natürlich auch noch in der Innenstadt, doch diese wurden nun rasch beseitigt.

Eine seltsam lustvolle Abbruchstimmung hatte die Stadt erfaßt, ganz so, als gelte es, den Historismus der Großväter als architektonischen Irrtum zu brandmarken und endgültig zu berichtigen. Ein stummes Abrechnen mit der Vergangenheit und deren Identitätssymbolen war da im Gange, ein wildes Wegräumen von Erinnerung. Zahlreiche historisch interessante Gebäude fallen nun zur Begleitmusik einer neuaufgelegten Straußschen „Demoliererpolka" der neuen Zeit und ihrem unbewußten Wunsch nach Verdrängung von Schuld und Sühne zum Opfer: das Dianabad etwa, wo die „schöne blaue Donau" erstmals besungen wurde, das Nestroysche Carl-Theater, der denkmalgeschützte Heinrichshof oder das in Erinnerung an das abgebrannte Ringtheater errichtete Sühnhaus, in dem einstens der junge Sigmund Freud gewohnt hatte.

„Es wäre unrentabel gewesen", schreiben die Wiener Blätter im Herbst 1951, „das völlig ausgebrannte Sühnhaus wieder aufzubauen. Abgesehen davon fügte sich der im neugotischen Stil errichtete Bau keineswegs in das Bild der Ringstraße." Nach Wunsch der Stadtplaner soll demnächst die Spitzhacke hier Platz für ein „modernes Geschäftshaus" schaffen.

Rentabilitäts- und Stilfragen, Modernität und Geschäft werden nunmehr als Argumente aufgeboten, wenn es um die Beseitigung des historischen Schutts geht, und dies erstaunlicherweise inmitten einer Gesellschaft, die doch deutlich restaurative Tendenzen aufweist.

Allerdings, auch der symbolträchtige Wiederaufbau von Burg und Oper schreitet voran, der „alte Steffl, das Wahrzeichen Wiens", erhält nun wieder sein Dach, „scharf im Kontrast zur hellen Schönheit des Albertinischen Chores", stehen jedoch weiterhin, wie die Zeitungen berichten, „die grauen Ruinen der den Domplatz umschließenden Gebäude". Zuvor war für den Ankauf der 250.000 Glasurziegel des Domes ein Volksfest mit angeschlossener Verlosung unter dem Ehrenschutz der Wiener Sängerknaben organisiert worden, und eine große Anzahl von Mautner-Markhofs Qualitätslikören, hundert Paar Bally-Schuhe sowie Tausende „Imbo"-Kaffeewürfel mit 40 Prozent Bohnenkaffeeanteil waren dabei zur Verteilung gelangt. Im Burggarten wird nunmehr Mozarts Standbild aufgestellt, und das Denkmal des Lieben Augustin wird in der Neustiftgasse als stillschweigendes Mahnmal des Aufbaus wiedererrichtet.

Das Wort Wiederaufbau drückte die Ambivalenz bereits aus: Noch war nicht eindeutig entschieden, wohin der Weg führen sollte, ob Restauration oder Neubeginn war zu Beginn der fünfziger Jahre noch keinesfalls geklärt. Anfangs auf halbem Wege zu halben Taten unterwegs, sollte dann die bald einsetzende Massenmotorisierung neue Schnellverkehrsverbindungen erforder-

Die Wohnung von morgen: ein Wohn-Speise-Zimmer, das fast alles kann.
Selbst die Couch läßt sich im Handumdrehen in ein Bett verwandeln.

lich machen und damit die Stadtland-
schaft entscheidend verändern.

Das neue, moderne Wien zeichnet sich
bereits an einigen Punkten der Stadt
deutlich ab: Süd- und Westbahnhof werden natürlich als „Symbol des Wiederaufbaus" eröffnet, der Praterstern wird
neu gestaltet, die Opernunterführung
wird bald von den unter die Erde ge-
schickten Fußgänger „Jonas-Grotte" genannt werden, Roland Rainers Franz-
Domes-Lehrlingsheim entsteht, und
wenig später wird seine Stadthalle den

Betrieb aufnehmen. Das neue Hotel Eu-
rope in der Kärntner Straße beeindruckt
„durch die moderne, geradlinige Bau-
führung", das Vienna-Hilton-Hotel wird
im Stadtpark geplant, wofür der Kursa-
lon, „mittelmäßig in seiner Schöpfung",
wie ihn der Architekt Georg Lippert
bezeichnet, eilig weichen soll. Die drei
Hochhäuser nahe der Reichsbrücke
werden als „neues Wahrzeichen Wiens"
apostrophiert, die recht bodenständige
Per-Albin-Hansson-Siedlung wird am
Laaerberg übergeben, und das dreiund-
zwanziggeschossige Ringturm-Büro-

haus wird errichtet. Daneben existieren in der Stadt nach wie vor achtundsechzig Verfallsgebiete, die assaniert werden müssen, wobei lediglich die Fassaden erhalten bleiben sollen, will man doch „Traditions-Inseln" schaffen, welche, nach Ansicht der Zeitungen, „die Atmosphäre der Stadt künftig bewahren".

Der Gemeinderat beschließt 1952 ein Programm des sozialen Städtebaus, dem das Projekt „Soziale Wohnkultur" folgen sollte. Im Sommer 1956 steht auf dem Kongreß für Wohnungswesen und Städtebau erneut das Wiener Stadtbild der Zukunft zu Debatte, wobei die „Entmischung", die Verlagerung der Industrie von den städtischen Wohngebieten in die Randzonen, die dezentrale Stadtentwicklung und damit die Absicht, das Gebiet nördlich der Donau zu einem planmäßig gestalteten Stadtteil, einer „Trabantensiedlung" werden zu lassen, deutlich in den Mittelpunkt rücken. Über siebentausend Wohnungen werden allein im Jahr 1959 von der Gemeinde Wien vergeben, zumeist in ebendiesen Randzonen der Stadt gelegen und am schnellsten mit dem eigenen Auto erreichbar.

Die zahlreichen Neubauten an der Peripherie, dort, wo noch immer zwischen Gemüsegärten und Müllhalden die Wiederaufbauverlierer zu Hause sind, waren vielfach aus standardisierten Fertigteilen errichtet worden. Eine „gewisse Normierung immer wiederkehrender Bauelemente" sei zudem, hatten damals die Siedlungsplaner hervorgehoben, die „unerläßliche Voraussetzung aller Bemühungen um eine Kostenherabsetzung". Ein Satz, der bald das architektonische Erscheinungsbild des gesamten Landes grundlegend verändern wird.

Dank moderner, einförmiger Hotelanlagen, Bahnhöfen und Wohnsiedlungen wird am Ausgang des Jahrzehnts schließlich erreicht werden, was sich unterdessen auch in der resopal- und spanholzgezimmerten SW-Möbelwelt als internationale ästhetische Normierung abzuzeichnen beginnt. Moderne, gleichmäßige Stile mit austauschbaren Elementen sollen nun den Anschluß an die Zukunft ermöglichen, denn „gleicher Geschmack, gleiche Bedürfnisse und gleiche Interessen", so hatte die „Wiener Illustrierte" schon im September 1953 in diesem Zusammenhang befunden, „setzen sich über Länder und verschiedenartiges Kulturgut hinweg".

Von „geradliniger Zweckmäßigkeit" hatten die Zeitungen häufig im Zusammenhang mit den entstehenden Wohnanlagen am Rande der Stadt gesprochen und von den „modernen Bildhauerarbeiten", die dazu einen Kontrast bilden sollen. Und vielleicht zählen die zahlreichen Sgraffiti und Mosaiken, Wandbilder, Plastiken und Reliefs der damaligen Kunst-am-Bau-Bewegung tatsächlich zu den aussagekräftigsten Sinnbildern und Vereinbarungsnormen dieser Aufbauzeit. Recht realistisch brachten sie die gemeinschaftlich verordneten Wertvorstellungen über den öffentlichen Raum in den privaten Alltag hinein, die da bestanden aus dem ärmelaufkrempelnden Arbeitshelden, dem Ideal der Seßhaftigkeit und der Familie, der zyklischen Wiederkehr von Natur und Leben, den Bildern von der Gemeinschaft und auch des Heimatlichen in jeglicher Form. Volksnaher Fortschrittsoptimismus wie vorindustrielle stereotype Menschenbilder, verkörpert im Arbeitsmann, im Sämann, im Zimmermann und im Trachtenträger, im Hammer und Zirkel, Muskel und Zahnrad, wurden aufgeboten, um auch dem

Kleingläubigen amtlicherseits die visuelle Botschaft zu vermitteln, daß sich das „Land im Aufbau" befinde.

Den Wohnanlagen am Rande der Stadt haben derartige ästhetische Verschönerungen freilich wenig genützt. Allzurasch verwandelten sie sich in lange Reihen gleichförmiger Häuserzeilen voll gleichgültiger Tristesse, in geradewegs aufs freie Feld gestellte graue Zinsbauten mit abbröckelndem Beton, mit vollbesetzten Parkplätzen und mit dem großen Supermarkt an der Ecke.

„Wien reißt auf" – Zwischen Umleitungen, Absperrungen und Aufgrabungen,
Zeichnungen: Heinz Bren.

Roland Rainer

Erinnerung an die Baugesinnung der 50er Jahre

Nachdem die in Wien so geliebte und geförderte Postmoderne neben ihren vielen anderen Erfolgen die unbezweifelbarsten und sicherlich auch dauerhaftesten Triumphe in der Vernichtung der Zeugen einer anderen Gesinnung errungen hat, dürfte die von GANG ART im Böhler-Haus veranstaltete Ausstellung eine sehr aktuelle, wichtige und nötige Dokumentation sein, auch wenn – oder gerade weil – sie dem „Wiener Geschmack" von heute unzeitgemäß und schwer „verdaulich" oder verständlich erscheinen sollte.

Jedoch:

Nachdem das Domes-Heim, in dem Lehrlinge in einem Park im Zentrum der Stadt neben Offiziersanwärtern und Studenten wohnten, nach Aussiedlung der Lehrlinge in die Lärm- und Abgaszone der Westeinfahrt, durch ein „Kulturhaus" im „Funktionärsbarock" ersetzt werden konnte –

Nachdem an Stelle der zurückhaltenden, disziplinierten Architektur des Haas-Hauses von Fellerer und Wörle mit seiner taktvollen Unterordnung unter den Dom, der Glanz eines „spektakulär" auftrumpfenden Konsumtempels getreten ist –

Nachdem die Weiträumigkeit und Transparenz des Steyr-Hauses durch marmorne Monumentalität abgelöst wird –

kann wohl auch das Böhler-Haus vom selben Schicksal ereilt werden, nachdem es von einer japanischen Gesellschaft in einer wahrhaft kontrastreichen Metamorphose in ein Ritz-Hotel verwandelt werden sollte -

wenn sich nicht im letzten Jahr – oder im letzten Augenblick – eine wichtige Prämisse verändert hätte: Das Bundesdenkmalamt hat das Haus unter Schutz gestellt und ist offenkundig bemüht, diesen Schutz auch durchzusetzen.

Und ein von den japanischen Bauherren beauftragter junger Architekt hat die Aufgabe, ganz andersartige Raum- und Funktionsforderungen, die „zeitgemäßen" Vorschriften über Wärmeschutz und dergleichen zu erfüllen, ohne die Architektur, die baukünstlerische Aufgabe des Hauses zu zerstören.

Und dabei wird klarwerden, was das Bundesdenkmalamt, was auch die Öffentlichkeit und die Medien unter dem Schutz eines historischen Denkmals verstehen, was sie von ihm erwarten.

Indem das Bundesdenkmalamt ein „erst" 30 Jahre altes Haus unter Denkmalschutz stellt, betrachtet es seine Aufgabe nicht nur als kunst-„historisch",

— 131 —

sondern als kunst-„wissenschaftlich", wertet baukünstlerische Qualität unabhängig vom Alter als zeitlos gültige künstlerische Qualität.

Wenn es sich damit erfolgreich durchsetzen kann, würde es zu einer sehr wichtigen kulturellen Instanz, zu einem kulturellen Gewissen werden, dessen Bedeutung umso größer sein wird, je mehr es sich vom „Zeitgeist" unabhängig zeigt und Mut beweist, auch unpopuläre, dem herrschenden Geschmack – oder dem Geschmack der Herrschenden – schwer verständliche Arbeiten zu verteidigen und zu bewahren.

Damit wird es gleichzeitig aber auf die Probe gestellt:

Hinsichtlich seiner Auffassung von Wahrhaftigkeit, von Echtheit eines Zeugnisses, von der Frage Original und Fälschung, auch im Bereich der Architektur.

Die Gesellschaft will historische Zeugnisse als „Denkmale" – das heißt als Denkanstöße – bewahrt wissen, offenbar, um daraus zu lernen.

Und das bedeutet, daß gerade ihre Andersartigkeit gegenüber heutigen Verhältnissen erkannt, erlebt werden soll; und sie werden nur als Ganzes, in all ihren Zusammenhängen auch wirklich verständlich sein können.

Man würde zum Beispiel ein altes hölzernes Bauernhaus nicht verstehen, wenn man es mit Zentralheizung, Einbauküche usw. ausstatten würde, um es den zeitgemäßen Vorstellungen, Normen und Vorschriften anzupassen.

Umgekehrt soll die Erhaltung eines Denkmales Anregungen geben, über

vergessene Vorzüge alter Methoden des Bauens, natürlicher Baustoffe usw. nachzudenken.

Wenn schon zum Verständnis eines Bildes wahrscheinlich der goldene Rahmen und der Platz im Museum nicht ganz genügen, so ist ein Gebäude jedenfalls nur als Ganzes, mit der Sprache all seiner Materialien, mit seinem aus diesen Materialien entstehenden Klima, mit seiner ihnen entsprechenden Heizung usw., zu verstehen, und sein Schutz muß sich auf dieses Ganze beziehen, wenn er nicht letzten Endes zum Alibi, zur Täuschung, zur Fälschung werden soll.

Jedes Kunstwerk verkörpert das Gegenteil von Fortschritt, nämlich zeitlose Qualität.

Und die kostbaren Kunstwerke der Architektur kommen bekanntlich bis heute ohne „moderne Technik" aus. Allerdings: Würde man sie nach heutigen Vorschriften und Normen statisch prüfen, so müßten wahrscheinlich die allermeisten gotischen Kirchen mit ihren dünnen Rippen der Netzgewölbe sofort gesperrt werden – keine entspricht den heutigen Vorschriften, die auch für die einfachste gerade Stütze einen viel dickeren Stahlbetonquerschnitt vorschreiben – was weniger für die Vorschriften als für die alten steinernen Netzgewölbe und ihre Architekten spricht.

Freilich, merkwürdigerweise hat man aus all dem nichts gelernt. Das Böhler-Haus ist zum Beispiel 35 Jahre lang klaglos benützt worden, aber seine Stahlfenster genügen den neuesten

Böhler-Haus, 1956-1958 errichteter Stahlbeton-Skelettbau mit Glas- und Aluminiumfassade: Südseite am Schillerplatz

„Wärmeschutznormen" nicht, obgleich die Abkühlungsflächen dünner Fensterrahmen im Vergleich zum gesamten Gebäude mit Bruchteilen von Promillen so minimal sind, daß sie nicht zu Buche schlagen.

Für das Konzept des Gebäudes sind diese schmalen Profile aber eine sehr wichtige Aussage, und in der nicht weit davon entfernten Akademie der Bildenden Künste ist Theophil Hansen mit noch viel dünneren Profilen ausgekom-

men, die nun schon über 120 Jahre klaglos funktionieren und ebenfalls sehr wesentlich zum Charakter dieses Gebäudes gehören.

Die für die baulichen Maßstäbe eines Gebäudes sehr wichtigen Fensterprofile zu verstärken, bedeutet etwa dasselbe, wie in einer alten Handschrift die Haarstriche durchwegs in dicke Schattenstriche zu verwandeln.

Gewiß kann man einwenden, daß eben nicht jeder neue Besitzer mit den

Stadthalle Wien:
oben: optimale Sicht-, Akustik und Klimaverhältnisse durch die seitlich der Arena ansteigende Decke
rechte Seite: Innenansicht mit flexibel einbaubarer Radrennbahn

alten Verhältnissen leben will. Aber es wird auch niemand gezwungen, ein denkmalgeschütztes Haus zu kaufen. Oder wollen wir darauf warten, daß nicht nur die vielen alten Gemeindebauten, sondern auch alle Barock- und Biedermeierhäuser, die Nationalbibliothek und das Belvedere mit Kunststoffenstern ausgestattet werden, damit ihnen diese moderne Errungenschaft nicht vorenthalten bleibt – über deren „unbezweifelbaren" Wert längst genügend Zweifel aufgekommen sind, freilich nur bei denen, die sie nicht verkaufen.

Die Erhaltung eines Gebäudes hat nur Sinn, wenn man den Sinn eines Gebäudes bewahrt, seine „Gesinnnung"

sichtbar und deutlich verständlich läßt.

Tatsächlich kommt in der Architektur der 50er Jahre eine Gesinnung zum Ausdruck, die von den derzeitigen Tendenzen der Konsumgesellschaft, von gesteigertem Luxus-, Repräsentations- und Reklamebedürfnis weit entfernt ist, wie die Baugedanken des Böhler-Hauses zeigen. Denn Beschränkung auf das Wesentliche und Nötige war nicht nur ein wirtschaftliches Ziel, da der Bauherr, der eine Bombenlücke schließen lassen wollte, zwar vom Architekten ein mit sparsamen Mitteln errichtetes, aber erstklassig funktionierendes Gebäude verlangte, sich aber aller Gestaltungswünsche und -ratschläge enthielt, bereit

„Das Wunder der Autobahn" –
Franz Hausmanns einmalige Flugaufnahmen
von der Traumstraße durch Österreich:
die Westautobahn parallel zur Bundesstraße 1,
das westliche Ende des Bauabschnittes
in Niederösterreich bei Pöchlarn.

war, auch ungewöhnliche Architektenvorschläge zu verwirklichen.

„Gestaltungsbeiräte" oder ähnliches gab es damals nicht; sie waren auch kaum denkbar. Weder wurde Gestaltung als ein vom Gesamtkonzept losgelöstes dekoratives Element und Objekt öffentlicher Aufsicht aufgefaßt, noch hätte man solche Eingriffe dem Architekten zugemutet, dem man jedenfalls auch bei bescheidenen finanziellen Möglichkeiten die Freiheit seiner persönlichen Sprache bewahrt hat.

Im Rahmen der selbstverständlich rationalen, also funktionellen und wirtschaftlichen Forderungen waren weniger die von solcher „Ratio" losgelösten,

effektvollen, „einmaligen" bzw. einmalig fotogenen Lösungen gesucht, als vielmehr die allgemeingültige, „typische" Lösung und die Einordnung in die Umgebung, wie beim Böhler-Haus zu sehen ist.

Das Silbergrau der Metallfassade, die die Höhe der Nachbarhäuser genau einhält, ordnet sich dem Grau der benachbarten Putzbauten der Gründerzeit mühelos ein. Durch sein vergleichsweise flächiges, zurückhaltendes Relief wirkt der Neubau nicht bewußt kontrastierend oder gar aggressiv, obgleich die Sachlichkeit seines Konzeptes, seine Leichtigkeit und Transparenz, seine zeitgemäße Materialsprache und sein „less is more" natürlich mehr bedeutet als nur „Verzicht" auf Repräsentation alten Stils oder gar Monumentalität. Darin zeigt sich jene gegenteilige Gesinnung, die ein gewisses Understatement dem üblichen Imponiergehabe vorzieht, wohl aber zur Einordnung in die Umgebung bereit ist, an Stelle repressiver Demonstration von Monumentalität, Macht und Reichtum durch kostbares Material, „Gewicht", Baumasse, Symmetrie und Axialität, Leichtigkeit, Transparenz und nicht zuletzt ganz betont Asymmetrie setzt, die als neues Ordnungsprinzip – beim Böhler-Haus bis in alle Einzelheiten der Fensterteilung – die alte symmetrische Ordnung ablöst.

Und diese neuen Architekturgedanken entsprachen auch einer gesellschaftlichen Gesinnung, die an Stelle der Dominanz einer Macht, das Gleichgewicht, die Balance vieler verschiedenartiger, aber gleichberechtigter Teile setzte.

Man möchte wünschen, daß sich die Mächte von heute diesen Symbolgehalten baulicher Sprache bewußt werden, wie das in der Vergangenheit offenkundig der Fall gewesen ist.

Ich hatte mir die gekanteten Bleche der Böhler-Haus-Fassade ursprünglich – z.B. als Sinnbild eines Edelstahlkonzernes aus nicht rostendem Blech – gewünscht, aber der Konzern entschied sich für das für ihn weniger symbolträchtige, billigere Aluminium. Nur die schmalen Rahmen der großen Fenster und Türen im Erdgeschoß sind also aus glänzend poliertem Edelstahl, der zur rauhen Granitverkleidung des darüberliegenden Unterzuges und der dunklen, matten Labradorverkleidung der Pfeiler kontrastiert.

Einheit mit dem Umraum verdeutlicht sowohl die dem gesamten Komplex dienende neue Eingangshalle als auch ein großer Ausstellungsraum, die sich beide mit raumhohen, gegeneinander versetzten Glaswänden zum Schillerpark öffnen. Vor ihnen stehen nur einige wenige schlanke Stützen, die den 2 m hohen Unterzug tragen, der das filigrane Betongerippe der Straßenfront auffängt, über das die Fassade als dünne Haut aus Glas und Aluminium gespannt ist.

Oben konnte das Haus in seiner ganzen Länge mit einem Dachgarten abgeschlossen werden, wo auf einer tiefen Humusschicht Sträucher und Blü-

tenstauden bis heute üppig gedeihen. Dahinter befinden sich die Räume der Generaldirektion, die sich durch eine 50 m lange geschoßhohe Glaswand zur Aussicht auf die Dächer der Stadt öffneten.

Selbstverständlich ist die Architektur der 50er Jahre nicht ohne die Architektur der 30er Jahre denkbar. Sie steht ihr nicht nur zeitlich näher als den 80er und 90er Jahren, sondern auch in jener Gesinnung, der es – noch weit entfernt vom kommerziellen Denken und Agieren der Konsumgesellschaft – nicht auf möglichst umfangreichen, gewinnbringenden und verschwenderischen Verbrauch, sondern im Gegenteil auf hohe Leistung bei möglichst geringem Aufwand angekommen ist, die aus neuen Inhalten und neuen Mitteln auch neue Lösungen und Formen entwickeln wollte, für die der Ausgangspunkt die Aufgabe und nicht eine vorgefaßte, tradierte oder neuartige, „effektvolle" Form war.

Auch in den 50er, wie in den 30er Jahren ist es auf die Überwindung des Eklektizismus der Gründerzeit angekommen, der in der Postmoderne wieder aufgelebt ist und seine Förderung gefunden hat, weshalb diese Architektur von der Postmoderne auch als ein gegensätzliches, feindliches Element empfunden und behandelt worden ist und wird.

Zur Ausstellung: „Form der Zeit", Gangart, im Böhler-Haus vom 30. 4 bis 24. 5. 1999.

Was würden Sie tun, wenn --

– wenn Sie viel Geld hätten? Sie würden sich viele, viele Wünsche erfüllen – und täglich kämen neue Wünsche hinzu! Ob das glücklich macht? Muß man wirklich und in jedem Fall viel Geld haben, um glücklich zu sein? Nein – alles Glück dieser Welt beginnt im Kreise der Familie, in einem warmen und gemütlichen Heim mit schönen Möbeln. Dazu brauchen Sie nicht viel Geld, wenn Sie sich für MUSTERRING-Möbel entscheiden. Tausende tun es täglich und sind so glücklich dabei! Das ist ja der große Vorzug aller MUSTERRING-Möbel: sie sind schön und wertvoll und doch nicht teuer, sie sind elegant und modern und doch gemütlich! Kurz:

Musterring-Möbel machen die Wohnung zum Heim!

Der Zeitgeist der fünfziger Jahre

Über die Schönheit häßlicher Bilder

Waren die damals allerorten so sichtbar getragenen abstehenden männlichen Ohren eine notwendige Begleiterscheinung der radikal kurzgeschnittenen, ausrasierten, penibel gescheitelten oder streng rückwärts gekämmten Haare, oder gehörten sie zum genetischen Wildwuchs jener Jahre? War es in dieser schrecklichen, fernsehlosen Zeit tatsächlich üblich, gerontologische Betreuung dem gepolsterten Fensterbrett zu überlassen, von wo aus die älteren Mitbürger, aufgereiht wie wohlgefütterte Großstadttauben im Hauskleid, stumm und bewegungslos am Geschehen auf der darunterliegenden Straße teilnahmen und dabei doch nur selten auf ihre Kosten kamen? Wohin waren übrigens die vielen Kriegsinvaliden der vierziger Jahre entschwunden, die zuvor an allen öffentlichen Orten und Plätzen präsent gewesen waren? Erblicken wir in jenem gemütlich verschmitztem Provinz-Habitué der fünfziger Jahre mit seinem jovialen, weinseligen Gesicht, korrektem Restscheitel und den abstehenden Ohren tatsächlich, wie uns die Illustriertenbilder versichern möchten, den rastlosen Staubsaugervertreter und reservierten Heiratsschwindler, der dann im Nebenerwerb zum seriellen Frauenmörder

wird, ohne daß die Nachbarn vom Fenster aus sein Tun uneingeschränkt bemerkt hätten, wie dies doch im Fall der vergifteten Tauben und der Liebespaare im Park stets geschah? Und sehe er nicht genauso aus wie unser Hausmeister, sagten die Leute damals nachdenklich und in der habituellen Hoffnung, damit das Strafmaß des trotzig leugnenden Angeklagten noch zu erhöhen.

War dies eine Zeit des Unehrlichen und Unausgesprochenen, ein Fest des ungelebten Lebens, das es jetzt zu feiern galt, da man in der Vergangenheit ja nichts getan hatte? Oder war damals die Vergangenheit selbst auch nicht mehr die alte? „Man muß endlich einmal vergessen können", sagten die freundlichen Leute in diesen weinseligen Zeiten nach gerichtsnotorischen Freisprüchen oder Amnestien jovialer Kriegsteilnehmer verschmitzt, und so erwiesen sich die fünfziger Jahre folgerichtig als großangelegte gemütliche Amnesie-Anstalt.

Wer demgegenüber in der Betrachtung dieses Jahrzehnts die unscheinbaren Dinge des damaligen Lebens hervorhebt und daraus ein Bild des Dezenniums gewinnen möchte, der ist symbolisch auch nicht ganz falsch beraten. Wir

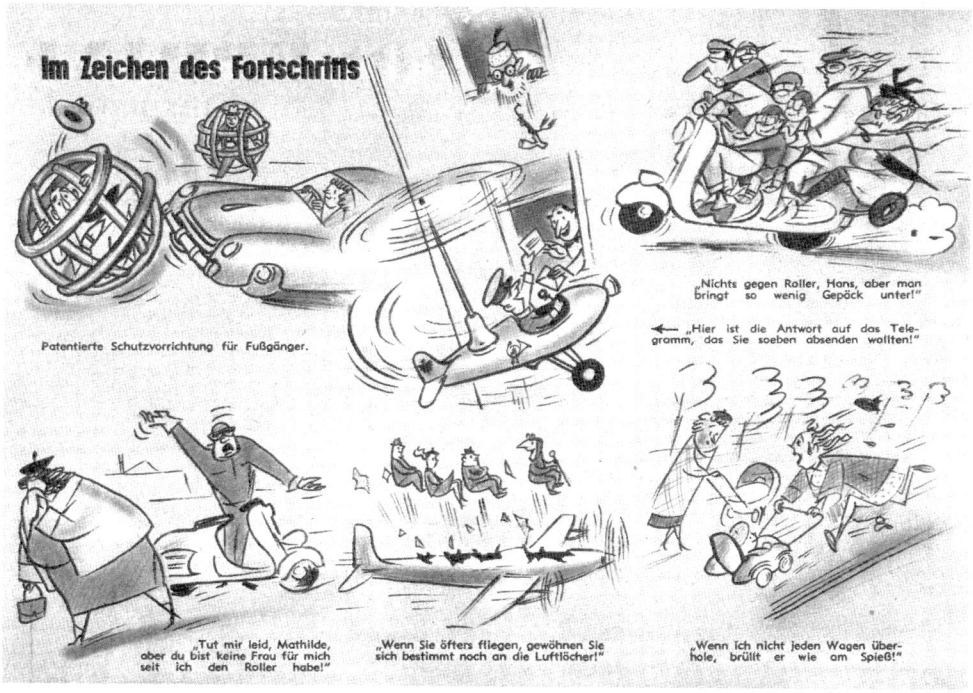

„Im Zeichen des Fortschritts", Karikaturen aus dem Jahr 1954

sprechen von den kleinen, nützlichen wie unverzichtbaren häuslichen Gegenständen von einst, die schon deshalb niemand missen wollte, da sie der Nachbar auch besaß, und die sich in Form von selbstgefertigten Häkeldecken und Schonbezügen, farbigen Kissen und gewagt-modernen Wandteppichen, luftigen Drahtgeflechten und locker geformten Bambusdekorationen, unübersehbaren Gartenzwergen und Gummibäumen, wachsüberzogenen Chiantiflaschen und jenen halbvollen mit dem Eierlikör materialisierten. Für Subsistenzwirtschaften zwar nicht überlebensnotwendig, sorgten diese ga-

rantiert staubfängerfreien, neobiedermeierlichen Ausstattungsgegenstände dennoch für etwas heute schwer Umschreibbares, für ein gewisses zeitbedingtes wohnliches Wohlbehagen nämlich, das damals allgemein Gemütlichkeit genannt wurde.

Womit die grüblerische Frage einhergeht, ob denn nicht doch die Anfangszeiten der fünfziger Jahre, noch vor der Machtentfaltung der preiswerten Version der glücksverheißenden Massenkonsumgesellschaft mit ihren preislich reduzierten Sonderangebotsmengen, glücklicher zu preisen sind, jene Jahre, in denen man dank erzwungenem Kon-

Plakat zur Ausstellung „Wiener Internationale Automobil-Ausstellung" vor dem Hintergrund einer raschen Zunahme des Kraftfahrzeugbestandes trotz ansteigender Benzinpreise um 27 Prozent und einer Erhöhung der Haftpflichtversicherung um 50 Prozent. Entwurf: Franz Schaup

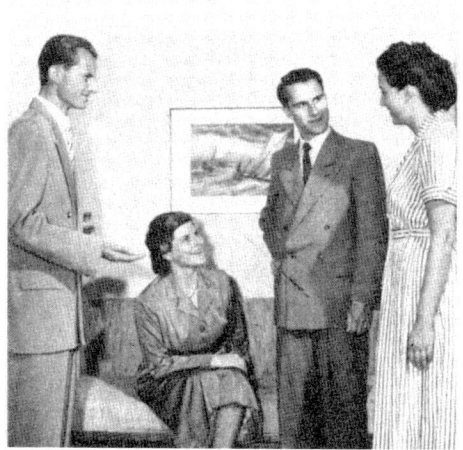

Wie verhält man sich RICHTIG?
Grundregel des Vorstellens: Die Jüngeren werden den Älteren vorgestellt, der Name der Jüngeren daher zuerst genannt. Wobei die älteren
Damen dabei sitzen bleiben, die jüngeren Damen
wie auch Herren sich erheben sollten.

sumverzicht die moralische Abscheu
vor dem bessergestellten Nächsten
noch großzügig ausleben konnte. Doch
schon Johannes Mario Simmel, Autor
der unverzichtbaren mehrbändigen
Standardwerke der gehobenen Lebens-
art in jedem pflegeleichten Wandver-
bau, lehrt uns, daß auch der Erfolgreiche dieser Jahre, in Westdeutschland
bereits „Wirtschaftskapitän" genannt
und mit einem Mercedes 190 SL ausgestattet, so seine Sorgen haben konnte,
von denen der kleine Mann glücklicher-
weise noch verschont blieb.

Doch die Zeiten, sie ändern sich. Noch
gab es freilich unter staatlicher Aufsicht
schier uneinnehmbare Bastionen, die
sich leichtfertiger Tändelei mit dem
Fortschritt kämpferisch verbaten und,
umtosten Festungen gleich, erhobenen
Hauptes den Schlachtenlärm der ange-
tretenen Moderne trotzig ignorierten.
Nennen wir nur die Schulen, die öffentlichen Ämter und Behörden.

Während die damals noch durchwegs
uniformierten Post- und Bahnbedienste-
ten, Straßenbahnschaffner und Schalter-
beamte als Träger der staatlichen Obhut
und Ordnung den Untertanengeist fröhlich weiterleben ließen, entwickelte sich
daneben ein ziviles Heer der Angestellten, das nicht weniger standardisiert
wirkte und stolze Zugehörigkeit zu dieser Welt des sichtbaren sozialen Auf-
stiegs inmitten einer repräsentativen Gesellschaft demonstrierte. Es war die Zeit
der respektierten Standesunterschiede,
des Anstandes, der Tanzstunde und des
Benimmkurses, der freiwilligen Selbst-
kontrolle, der gesteigerten Körperpflege,
des ersten Elektrorasierers und der
neuen Plastikhemden mit dem breiten
Windsorknoten.

Der Fortschritt kam dann auf leisen
Sohlen ins Haus. Der Staubsaugervertreter mit seinem pflegeleichten Pla-
stikhemd stellte nun immer öfter als
Agent der Moderne seinen Kreppschuh
in die noch zögerlich geöffnete Ein-
gangstür, und so kam es zur Elektrifi-
zierung des gesamten Haushaltes,
während Illustriertenwerbung und die
Auslagen der Warenhäuser immer
neuere Bilder der Moderne zu vermitteln begannen und unsere Bedürfnisse

zu beflügeln wußten. Die Dynamisierung der Dinge setzte ein, Motorisierung, Mobilisierung, Moralisierung und Massentourismus folgten mit rasender Geschwindigkeit. Der Anfang des Wohlstands zeichnete sich ab und das Ende der Barmherzigkeit, der öffentliche Raum veränderte sich, und neue ungeahnte Welten taten sich nunmehr auf für jedermann.

Gleich dem Sommer von damals, den man zurückwünscht, sind es dann vor allem die späteren Jahre dieses Dezenniums, die im milden Schein der Abendsonne wonnige Erinnerungen an jene Bilder heraufbeschwören, die wir mit den glücklichen Aufbruchszeiten dieses Jahrzehnts verbinden und die uns dabei manche Häßlichkeit vergessen lassen. Beruflicher Aufstieg und das erste Auto, ein erster Urlaub und die erste Coca-Cola, eine frühe Liebe und eine späte Tanznacht unter buntbemalten Glühbirnen, dies alles zählt im Übergang von der Verteilungs- zur Konsumgesellschaft zu den bleibenden Ikonen, zur lebendigen Erinnerung an den lange verwehten Zeitgeist der fünfziger Jahre.

Einladung zur Besichtigung des „Volkskühlschranks" und des patentierten „Doppelkühlschranks" auf der Wiener Messe

Dagmar Koller

Was hängt am Berg und singt ...?

Nun hatte ich meine Fahrprüfung für das Motorrad und für das Auto gut überstanden. Das Motorradfahren gelang mir dabei natürlich besonders gut, weil ich heimlich schon auf einer alten Triumph-Maschine meines Bruders geübt hatte. Natürlich hatte ich jetzt nur noch einen Gedanken: Wie kann ich mir ein Auto leisten? Ich war 18 Jahre jung und verdiente an der Wiener Volksoper als Mitglied des Balletts so wenig, daß ich gerade nur meiner Mutter etwas zum Haushalt beitragen konnte. So versuchte ich es nun mit vielen kleinen Nebengeschäften, um mir etwas zu verdienen: Ich arbeitete als Statistin beim Film und nahm auch jeden Job als Tänzerin in den deutschen Filmchen dieser Zeit an.

Irgendwann, es war wohl der Sommer '58, hatte ich 15.000 Schilling gespart, und nun suchte ich in den Anzeigen nach einem billigen Angebot eines Autos aus zweiter Hand. Und wirklich – mit der Hilfe meines Jugendfreundes fanden wir ein Angebot aus dritter Hand: einen Lloyd 400 – oder wie man damals im Volksmund sagte – einen „Plastikbomber"!

Ich unterschrieb den Kaufvertrag und schon ging's los mit diesem Auto – war das ein Gefühl! Ich glaubte im Himmel zu sein. Trotz „zweimal kuppeln" und „Zwischengas-Geben" war

das ein traumhaftes Fahrgefühl. Ich erinnere mich daran, wie ich Jahre zuvor täglich mit der Straßenbahn vom Simmeringer Lehrlingsheim zweieinhalb Stunden mit viermaligem Umsteigen zum Tanzunterricht in die damalige Akademie für Musik und darstellende Kunst nach Schönbrunn fahren mußte; neidisch preßte ich meine Nase an das Straßenbahnfenster und beobachtete die vorbeifahrenden Motorfahrzeuge – „Ob ich je ein eigenes Auto besitzen würde", dachte ich mir damals.

Und nun machte ich meine erste Ausfahrt, ich holte meine Mutter vom Büro der Schoeller-Bank ab, und wir fühlten uns wie Millionäre. Auch für meine Kolleginnen an der Volksoper war ich jetzt etwas Besonderes, da ich ja jeden Tag mit meinem kleinen Auto kam. Bald hatte es sich herumgesprochen, daß „die Koller" ein eigenes Auto hat. Die wildesten Geschichten wurden erfunden, und man zerbrach sich den Kopf, wie ich wohl dazu gekommen wäre. Nicht zuletzt wegen dieses Geredes bemühte ich mich um ein neues Engagement in einem anderen Land, in Deutschland. Ich war unterdessen fertige Schauspielerin, lernte gerade fleißig Gesang und wurde nach Dortmund engagiert.

So kam es zur ersten großen Reise. Vollbeladen mit allem, was ich für ein

Jahr im Ausland brauchen konnte, fuhr ich los. Aber schon am Strengberg – damals gab es noch keine Autobahn – blieb mein Wagen hängen. Den Fehler konnte ich schnell richten: Die Kerzen waren wieder einmal verrußt, wurden gesäubert, und dann ging es weiter bis Salzburg. Dort übernachtete ich bei meiner Großmutter. Am nächsten Morgen, vollbeladen mit Honig, Butter und anderen guten Süßigkeiten, ging es weiter in Richtung Stuttgart. Gott, wie zog sich diese Reise hin: Ich konnte ja nur 35 bis 45 Stundenkilometer fahren. Die großen Fernlaster zischten vorbei, winkten mir zu und lachten über meinen vollbeladenen kuriosen Wagen. Vor Stuttgart hing mein lieber Lloyd schon wieder auf der steilsten Strecke, und ich stand erschöpft am Straßenrand. Aber gleich hielt ein Fernlaster; der freundli-che Fahrer suchte nach dem Fehler. Diesmal war der Vergaser „ersoffen", und gemeinsam „saugten" wir das gräßliche Benzingesöff ab.

Nach drei Tagen also erreichte ich Dortmund und konnte mein erstes Engagement als Soubrette antreten.

Sieben lange Jahre hielten wir einander die Treue – mein kleiner Lloyd und ich. Und immer wenn ich nach Wien zurückkehrte, wurde ich verlacht, weil ich noch immer den geliebten Plastikbomber fuhr. Er war mir wirklich ans Herz gewachsen. So wurde ich bald mit einem Zitat bedacht: „Es hängt am Berg und singt – was ist das? Es ist die Koller mit ihrem Lloyd!"

Auch wenn ich später viel Erfolg hatte und es mir heute gut geht: Es war doch eine glückliche, eine schöne Zeit!

Willy Kralik

Aus meinen 50er Jahren

Willy Kralik

Willy Kralik als Autofahrer

Wie viele Autos ich schon gelenkt habe? Etliche.

Mein „Glanzstück" allerdings war mein erstes. Ein schwarzer Peugeot 202, mit dem schönsten Lack der Welt. Es war ein Gebrauchtwagen, der schon nach ein paar Wochen seinen Geist aufgab. Hätte ich Geld genug gehabt, mir sofort ein zweites Fahrzeug zu kaufen, ich hätte mein erstes behalten. Einfach, um es täglich zu bewundern, um es als Rasierspiegel zu benützen, um beneidet zu werden, wenn es auf der Straße vor meiner Wohnung steht und still vor sich hin glänzt.

So aber nahm es den Weg aller Eintauschwagen.

Weniger glänzend bestand ich meine Fahrprüfung, was den theoretischen Teil betrifft. Die Straßenverkehrsordnung war mir vertraut, da ich einige Jahre mit einem Puch-Roller durch die Welt, also sagen wir besser durch Wien gefahren war. Aber von der Theorie hatte ich Angst. Zündung und Vergaser sind für mich noch immer spanische Begriffe, obwohl mein Auto seit langem aus Bayern stammt.

Da tat ich nun etwas, was nicht unbedingt meiner Lebensführung entspricht: Ich spekulierte. Nicht an der Börse, sondern mit einer Stimmung, wie sie nur an einem einzigen Tag im Jahr zu spüren ist: am Heiligen Abend.

Heute wäre es nicht mehr möglich – aber in den fünfziger Jahren wurden auch am 24. Dezember Führerscheine ausgestellt und damit auch Fahrprüfungen abgehalten. In der Fahrschule, die ich besuchte, wurden Anfang Dezember Listen aufgelegt, in die man seine Terminwünsche eintragen konnte. Die meisten wählten die Tage vor Weihnachten. Ich erbat mir den Heiligen Abend. „Aber gerne", meinte der Fahrschullehrer, „da will ohnehin keiner mehr."

Ich jedenfalls wollte. Und mit mir noch gezählte drei Kandidaten aus anderen Wiener Bezirken. Die Vorfreude auf das Fest bewirkte ein kleines Weihnachtswunder. Die Fragen waren so moderat, daß ein Durchfallen großer Anstrengung bedurft hätte.

Ich bekam meinen Führerschein.

Als Christkindl von der Wiener Polizei am 24. Dezember 1954.

… als Conférencier

Es begann in den fünfziger Jahren, als es noch Modeschauen im klassischen Stil gab. Das Publikum kam, um die neue Kollektion eines Mode- oder Kaufhauses zu begutachten. Selbige wurde

von Mannequins und Dressmen in mehr oder minder festlichem Rahmen vorgeführt.

Der Conférencier, sofern er diese Bezeichnung verdiente, mußte sehr wohl wissen, was und wovon er sprach. Plappernde Moderatoren und Witzeerzähler waren damals (noch) nicht gefragt.

Der Zufall (an den ich persönlich nicht glaube) hatte auch hier die Hand im Spiel. Da gab es damals im Sommer die Dornbirner Textilmesse, auf der die führenden Häuser ihre Materialien vorstellten. Von F. M. Hämmerle bis Franz M. Rhomberg, von Getzner, Mutter und Cie bis Carl Ganahl und Co., verarbeitet von Modeschöpfern der Haute Couture und der Modellkonfektion. Die einmal jährlich stattfindende Textil- und Modellschau zu conferieren war mehr als ein ersehntes Engagement. Es bedeutete eine Auszeichnung, wenn man den hohen Anforderungen der gestrengen Auftraggeber entsprach.

Mein Vorgänger war der große Schauspieler und Komödiant Maxi Böhm, der eine mehrwöchige Kabarettournee angeboten bekommen hatte und von den Brettern zum Brettl wechselte. Da erinnerte sich Walter Beyer, ehemaliger Werbechef der AEG Union, dessen Assistent ich ein-

„Zweite Rosenmontag Redoute" von Funk und Film am 1. März 1954 in den Sälen des Hotels Münchnerhof: Kabarett im Kleinen Saal – Max Lustig conferiert: Else Rambausek, Maxi Böhm, Pirron & Knapp, Willy Kralik und Erich Dörner.

mal kurzfristig gewesen war, an den Nachwuchsconférencier Willy Kralik. Er rief mich an. Meine bisherigen Modeconférence-Erfahrungen beschränkten sich auf die Präsentation von Modellen, die aus Modeschulen stammten. Ich sprang also ins Wasser, ohne zu wissen, ob ich schwimmen kann. Das heißt, ich sprang auf den Laufsteg, ohne zu wissen, ob ich mich dort oben halten konnte.

Ich konnte. Vielleicht, weil ich mich wochenlang vor Beginn dieser renommierten Fachmodeschau intensiv mit Textilkunde beschäftigt hatte. Weniger aus Ehrgeiz, sondern aus nackter Angst, mich dort unsterblich zu blamieren. Und siehe da: es ging. Ich ging nach oben, blieb dort und stieg erst am Schluß unter viel Beifall wieder hinunter.

Noch war die Euphorie dieses bestandenen Modeconférence-Examens nicht abgeebbt, da kam bereits der nächste Anruf. Das Kaufhaus Gerngross in Wien wollte mich für seine Herbstmodeschau verpflichten. „No na werd' ich sagen", dachte ich und debütierte vor einem Publikum, dem ich nicht nur die Effekte des verschiedenfarbigen Metallgarns Lurex von der Entstehung bis zum fertigen Cocktailkleid erklärte, wie ich es für Dornbirn gelernt hatte, sondern auch noch mindestens fünf andere Lektionen aus dem Lehrbuch „Textilkunde für Anfänger" erteilte. Der Werbechef hörte zunächst ungeduldig zu und schnaubte dann grimmigen Blickes: „Bei uns müssen Sie sagen, daß

das Kleid fesch und praktisch ist und erstaunlich wenig kostet …"

Diese Erfahrung hatte ich noch nicht. Aber ich erkannte bald den Unterschied zwischen Dornbirn und Wien, wo man Mode als Abkürzung von vier Wörtern definiert:

M. O. D. E. = **M**änner **o**pfern **d**as **E**rsparte. Oder: **M**einer **O**lten **d**es **e**inred'n.

Was sollte mir als Modeconférencier da noch passieren?

In der Wiener Schanzstraße, dort, wo sich heute die Pannenhilfe und der Abschleppdienst des ÖAMTC befinden, stand einst das „Colosseum". Ein Theater-Varieté, das unter der Leitung von Jacques Guldan stand, der genau wußte, mit wem und womit man volle Häuser erzielen konnte. Das heißt aber nicht, daß der Herr Direktor nur Stars engagierte – da hätte er ja mich nicht verpflichten dürfen. Guldan kannte auch den Stellenwert der „ersten Nummer".

Da gab es als Topstars Horst Winter und das Wiener Tanzorchester, die den zweiten Teil bestritten, und zu Beginn des Programms einen gewissen Peter Alexander. Nicht als Sänger, sondern als Parodist von Hans Moser, Theo Lingen, Heinz Rühmann und Co. Von so einer ersten Nummer hängt die weitere Stimmung des Abends ab. Zuvor aber kommt der Conférencier, um das Publikum zu begrüßen und den Pegel der guten Laune gleich einmal ordentlich anzuheben.

Ich sehe ihn noch vor mir, Peter den Schüchternen, wie er mich ganz lieb ersucht hatte, doch „eine längere Begrüßungsconférence zu halten, damit die Leute zuerst richtig warm werden". Wann immer ich Peter den Großen darauf angesprochen habe, erinnerte er sich daran. Das könnte er doch auch einmal auf der Schallaburg erzählen! Dazu müßte man heute das Okay seiner Frau Hilde bekommen, und *dieses* Turnier habe ich bisher noch nicht gewonnen …

In jenem legendären Colosseum führten auch Conférenciers durch das Programm, die es nicht waren, aber sein mußten.

Beispielsweise wenn der für den Abend Verpflichtete nicht erschien, was einmal bei einem bunten Abend der Fall war, den Carl Spiehs veranstaltete.

Jahrzehnte vor seiner Wörther-See-Zeit.

Wie rettet man nun die Situation, wenn weit und breit kein Ersatzconférencier in Sicht ist und der Kapellmeister bereits das Einsatzzeichen gibt? Man springt selbst ein. Genau das tat Carl der Unerschrockene. Nur war er auf diesen Auftritt nicht vorbereitet. In Schnürlsamthose und Sandalen konnte man wirklich nicht die Showbühne betreten. Also bat er einen Kellner um Hose und Sakko. Noch immer fehlten schwarze Schuhe. Da griff der Spiehs-Geselle zum Äußersten: Er eilte vor das Theater und offerierte einem der vorbeigehenden Herren, der vermutlich auch Schuhgröße 43 hatte, eine Freikarte – allerdings mit der Verpflichtung, dem Conférencier des Abends – also ihm selber – seine Schuhe zu leihen. Worauf sich der Beschenkte ohne Schuhe, aber noch mit Socken in die letzte Reihe setzte.

Eine Vorstellung in der ersten Reihe wollte er ein andermal genießen, wenn er wieder beschuht sei.

In den fünfziger Jahren gab es in Wien den Filmball – als gesellschaftliches Ereignis für alle Fans, die ihre Stars aus nächster Nähe bewundern wollten. Ich besorgte die Conférence. Engagiert von Direktor Klein, dem Besitzer des Gloria-Kinos in Wien-Hernals, der dieses Fest Jahr für Jahr für die Filmindustrie arrangierte. So auch 1958.

Es war Samstag, kurz vor 21 Uhr. Ich betrat wie gewohnt das Parkhotel Hietzing und sah mich im Tanzsaal einem gigantischen Blumenmeer gegenüber. So viele Pflanzen hatte ich noch nie gesehen. Auf der Bühne kein Mikrophon. Direktor Hübner entschuldigte sich: „Ich wußte nicht, daß Sie heute den Ball eröffnen." Hurtig wurden die Kabel verlegt und das Standmikrophon in Betrieb genommen.

Tusch. Als Conférencier des Abends betrat ich die Bühne und begrüßte die Gäste. Im Namen der Filmindustrie. Im Namen der Kinobesitzer. Im Namen des Filmverleihs. Eisige Stille im Publikum. Ich verließ die Bühne. Drei aufgebrachte Herren stürzten auf mich zu:

„Wer hat Sie engagiert? Warum haben Sie nicht den Minister begrüßt?" – „Welchen Minister?" fragte ich kleinstlaut. – „Ja, wer wird denn schon bei uns sein? schnaubte ein Herr namens Klein (ein häufiger Name). „Beim Filmball war noch nie ein Minister!" flüsterte ich stimmlos. – „Wir sind nicht der Filmball. Wir sind die Schönbrunner Gärtner!"

Der Termin des Filmballs war kurzfristig verschoben worden. Und man hatte vergessen, mich davon zu verständigen. Was erst tags darauf bekannt wurde: Der anwesende Politiker, Landwirtschaftsminister Thoma, wollte noch während meiner Begrüßungsconférence den Tanzsaal verlassen. Er zischte seinem Sekretär zu: „Ich glaube, wir sind auf dem falschen Ball."

Mühsam konnte man den Minister davon überzeugen, daß er richtig und ich falsch am Platz war.

… als Journalist

Ich habe zweimal schreiben gelernt.

Das erste Mal in der ersten Klasse Volksschule bei den Piaristen. Das zweite Mal etliche Jährchen später in der Wiener Canisiusgasse. Dort befand sich die Redaktion der „Wiener Tageszeitung". Sie war das Blatt, das die Linie des damaligen Bundeskanzlers Julius Raab vertrat.

Man schrieb den Sommer 1956. Mich gelüstete es nicht nach Ferien – im Gegenteil: ich suchte einen Ferialjob. Da fiel mir meine Studienkollegin Hedi Fischer ein – wir hatten gemeinsam einige Semester Germanistik und Theaterwissenschaft inskribiert –, von der ich wußte, daß ihr Mann Journalist war, genauer: der Lokalchef der erwähnten Tageszeitung. Ich pilgerte also zu ihm und bot meine Dienste an.

Meine journalistischen Vorkenntnisse waren geringer, als man erwarten konnte – sie waren gleich Null. Das wußte auch Erich Grolig, der für den Lokalteil des Blattes verantwortlich war. Aber ich war bereit, das Handwerk eines Reporters zu erlernen.

Als beispielsweise eines Tages der Einsatzbefehl kam, schnell nach Favoriten zu fahren, um dort von einem Wasserrohrbruch zu berichten, der einen Teil der Quellenstraße zum Überquellen brachte, freute ich mich. „Nichts einfacher als das", dachte ich ahnungslos und legte zwei Stunden später meinen Einspalter über dieses Ereignis auf den Tisch des Chefs, der ihn geduldig las und – zerriß. Der Artikel mißfiel ihm deshalb, weil ich die überschwemmte Fahrbahn eher feuilletonistisch betrachtet und vor allem gegen die journalistische Grundregel verstoßen hatte, bereits im ersten Satz des noch so ausführlich oder auch knappen Berichtes das Wer, Wo, Wann und Wie zu vereinen. Grolig lehrte mich schreiben. Schreiben für den Leser.

Schreiben für den Moderator, für den sprechenden Menschen, konnte ich schließlich schon ganz gut, weil ich mir jeden Satz, den ich in die Schreibmaschine tippte – mit zwei Fingern, versteht sich –, laut vorsagte.

Gelesenes, so wissen es die alten Rundfunkhasen, darf nie gelesen klingen. Sondern immer so, als wäre es einem soeben eingefallen.

Noch in meiner Lehrlingszeit als Schreiberling wurden dennoch so manche Meldungen zur Glosse zum Tage. Worauf mein Lehrmeister aus seiner Not, keinen echten Lokalreporter gefunden zu haben, eine printmediale Tugend machte:

Ich durfte die tägliche Glosse schreiben. Was ich auch mit Begeisterung tat.

Zum Beispiel die vom 30. 8. 1956:

Zwei Ponys

Wien hatte Mittwoch so etwas wie eine Sensation:

Auf einer sehr belebten Geschäftsstraße hielt für einige Minuten ein Wagen an, der von zwei Ponys gezogen wurde. Und weiter? Weiter geschah nichts. Außer, daß es nicht vielleicht zehn, nicht vielleicht zwanzig, nein, über fünfzig Menschen waren, die für kurze Zeit die Hast und den Trubel des Alltags völlig vergessen hatten, sich um die beiden Tiere scharten und sie streichelten. Mehr noch, sie spielten mit ihnen, sagten ihnen nette Koseworte, suchten krampfhaft in allen Taschen, um vielleicht doch noch ein Stück Zucker zu finden, und fühlten sich in diesem Augenblick zurückversetzt in eine längst entschwundene Kindheit. „Nur" zwei Ponys haben es verstanden, auf das Antlitz von gehetzten Menschen ein Lächeln zu zaubern, sie für Minuten Beruf, Verdienst und unaufschiebbare Termine vergessen und sie nichts anderes sein zu lassen als Kinder, denen ein Tier Glück bedeuten kann. Leider dauert das immer nur eine kurze Zeitspanne und nicht länger. Denn es gibt viel zuwenig Ponys in Wien. Und auf der ganzen Welt.

Heinz Conrads

Was gibt es Neues?

Aus den Rundfunksendungen 1955/56

Freude des Abschieds!

Noch nie, seit den sieben Jahren meiner Sendung, konnte ich schon in den ersten Minuten des Wiederbeginnes mit so vielen günstigen Neuigkeiten aufwarten wie heute. Es wimmelt nur so von Abschiedsfestlichkeiten.

Oberösterreich ist bereits besatzungsfrei.

Die russische Zone wird es bis zum 9. September 1955 sein. (Bitte streichen Sie diesen Tag im Kalender an – rot.)

Die Franzosen verabschieden sich am 10. September und die Engländer am 19. September. Bitte, alles schön anstreichen! (Muß ja nicht bei jeder Nation rot sein.)

Das sind wunderschöne Neuigkeiten, die ihren Höhepunkt in ihrer Befreiungsfeier am 22. Oktober finden werden, über deren Verlauf sich hoffentlich noch sämtliche österreichischen Parteien einigen können.

Man glaubt es kaum: „Alles gehört wieder uns!" Der Erzberg, die DDSG, der Flugplatz in Schwechat, die Wien-Film – man glaubt es kaum. Täglich wird etwas zurückgegeben, Objekte, Wohnungen, Fabriken – junge Mütter.

Freuen wir uns, daß es bald wieder Gäste und nicht Besatzer bei Frau Austria geben wird und Frau Austria wieder ihr schönes Nationalkostüm trägt ohne die so störenden Besatzungsstreifen.

Zur Weihe des neuen Hauses!

Zur bevorstehenden Operneröffnung sind bereits unzählige Anmeldungen eingetroffen, so daß nicht nur jedes Hotelzimmer, sondern auch schon jede private Badewanne ausverkauft ist. Es kam zu dem, was man so treffend „Bettenengpaß" nennt. Engpaß ist ein scheußliches Wort, das uns schon in verschiedenen Zusammensetzungen überfiel. Wir haben bereits einen Zuckerengpaß überlebt, einen Milch-, Fleisch-, Fett- und noch mancherlei Engpässe überstanden, und nun stehen wir, im tiefsten Sprachgefühl erschüttert, vor dem Bettenengpaß.

Habt acht!!

700 funkelnagelneue Soldaten sind über den Heldenplatz marschiert. Österreichische Soldaten! Und 700 Wachebeamte haben die Absperrung vorgenommen. Für jeden Soldaten ein Wachebeamter. Das zeigt, wie lieb und wert uns jeder Soldat ist.

y jeden etwas: Hallo, hier spielt die Liebe! • Inhalt: Atelierberichte: „Der schweigende | 10. Jahrg., Nr. 49 **S 1·50**
el"...Die Stadt ist voller Geheimnisse" • Gunther Philipp • Kinder spielen Theater • Mode • Radioprogramm | 4. Dez. 1954

Funk und Film

So ein Krampus!

(Siehe Reportage auf den Seiten 8–10)

Da wir nun wieder Soldaten haben, fragt man sich, ob der Satz „Kinder und Soldaten zahlen die Hälfte" wieder populär werden wird.

Ich glaube, das wird sicher der Fall sein, man muß den zuständigen Leuten nur ein wenig Zeit lassen. Den Behörden und Ämtern ist die Entwicklung der Dinge vielleicht ein bißchen zu plötzlich gekommen.

Bei den Staatstheatern wird man darüber nachdenken. Das ist schon ein großer Erfolg.

Beim Fußball hat man eine Sitzung einberufen. Dieses schadet nie.

Die Bundesbahnen meinen, da könnte ja auch jeder andere Bundesangestellte kommen. Das ist auch wieder wahr – obwohl ohnehin schon sehr viele gekommen sind.

Alles in allem muß man den jungen Soldaten raten, mit ihren 5 Schilling pro Tag vorläufig noch sehr vorsichtig umzugehen.

Alles überstrahlt aber die Freude über den Abzug der Besatzungssoldaten im ganzen Lande.

In der vorigen Woche läuteten die Glocken von Baden bei Wien und den scheidenden Soldaten rannen die Tränen über die biederen Wangen. Ich glaub's. Man hat uns versichert, daß unsere nunmehrigen Freunde und zukünftigen Gäste seit genau zwei Jahren wußten, daß die Österreicher ein gutes Volk, ja sogar ein Volk mit guter Seele sind. Daß man zu dieser schönen Erkenntnis 8 Jahre gebraucht hat, ist

schmerzlich, aber ich hörte auch schon von Philosophen, die ein ganzes Leben lang die Seele leugneten. So gesehen ist also alles noch gut aus- und abgegangen. (Im wahrsten Sinne des Wortes!)

Selbst ist der Vater!

Mit Staunen haben wir den Bericht der Statistiker gelesen, nach denen Österreich die geringste Geburtenrate der ganzen Welt aufweist. Und von all den geringen Nachwuchsbesorgten hat die Stadt Wien die allergeringsten. Ich glaube, hier liegt es an unserer bisherigen Sorglosigkeit mit der Nachkommenschaft. Wir brauchen wahrscheinlich in allen Dingen wen, den wir für irgend etwas verantwortlich machen können. Nun aber, da alle ausländischen Hilfstruppen der Liebe abgewandert sind, werden die P. T. Inwohner wieder herzlichst gebeten, sich auf niemand, sondern wieder nur auf sich selbst zu verlassen.

Es wäre nämlich schade, wenn dieser liebe Volksstamm aussterben würde.

Ein paar liebe Worte.

Ein paar liebe Worte, gesprochen zur rechten Zeit, bringen immer Freude.

Ich hörte, daß sich eine der gütigen Feen, die ihres Amtes in öffentlichen Häuschen walten, in heftigen Worten über einen deutschen Gast beschwerte, weil er nach kurzem Besuche die hiefür übliche Gebühr von 73 Groschen nur um 7 Gröschlein erhöhte und sich mit 80 Groschen verabschieden wollte.

30 Jahre Rundfunk in Österreich: Heinz Conrads – nicht mehr wegzudenken aus dem Programm des österreichischen Rundfunks. Er weiß immer etwas Neues, nicht nur am Sonntag morgen.

O nein – es ging der verehrten Dame nicht um die 7 Groschen oder vielleicht gar um die 27 Groschen, die den Schilling voll gemacht hätten, sondern es ging ihr um ein paar liebe Worte der Anerkennung.

Denn allzeit bereit sein ist zu mancher Zeit ein größeres Geschenk an den Menschen als schnöder Mammon!

How is Austria?

Wir erfahren, daß man sich in den amerikanischen Reise- und Informationsbüros jetzt sehr stark für Österreich interessiert. Auch ich wurde gebeten, einige Fragen über Österreich zu beantworten:

Frage: Warum ißt man in Österreich am Heiligen Abend Fische?

Antwort: Weil dieses gefährlich und man sich nachher irrsinnig freut, wenn man nicht erstickt ist, so daß man mit dem schundigsten Geschenk zufrieden sein kann.

Frage: Rezept der berühmten Wiener Fischbeuschelsuppe.

Antwort: Fischbeuschel wird in Österreich fast genau so wie in allen anderen Ländern hergestellt, nur wird bei uns das Beuschel einige Minuten dem Rauch der Austria 3 ausgesetzt. Dieser Rauch hat die Wirkung, das Beuschel in kleinste Einheiten zu zerreißen. Die Austria 3 wurde auch deshalb als Beuschelreißer in den Handel gebracht.

Frage: Warum unsere Staatsfarben ausgerechnet rot-weiß-rot sind?

Antwort: Weder zur Erinnerung an einen Sender, noch zeigt es die Gesichtsfarbe des Einheimischen im Verkehr mit Alliierten an, sondern bedeutet nur, daß Waffenhemden nach einer Schlacht in die Putzerei gehören. (Ob am Akkonplatz eine Schnellputzerei existiert, weiß ich nicht.)

Eine häufige Frage – Kann man in Österreich mit 100 Dollar (ca. 2.600 Ischlinge!) im Monat leben?

Antwort: Als Amerikaner schon!

Aus: Heinz Conrads, Vergessene Neuigkeiten. Verlag Kurt Wedl, Melk/Wien/München 1959, S. 117–118.

Walter Davy

Über den Zeitgeist der 50er Jahre

Wenn Hitler etwas gelungen ist, dann war es seine Mitarbeit an den Nachkriegsjahren.

Der Schock nämlich, den die „Befreiung" ausgelöst hatte, die Befreiung, die Amerikaner, Russen, Engländer und viele andere Menschen zustandegebracht hatten und die man ja nicht mehr für möglich hielt, dauerte Tage, Wochen, Monate, ja, bei vielen von uns Jahre an. Jahre, die nicht zu unseren schlechtesten zählten. Erlebten wir doch, daß es der Zeit davor gelungen war, die österreichischen Politiker zusammenzuschließen zu der großen und großartigen Aufgabe, Österreich wiedererstehen zu lassen. Ein zeitgeistliches Erleben, dessen Wiedergeburt ich oftmals auf das innigste ersehne, wenn auch mit dem Verzicht auf die es auslösende Davorzeit.

Es ist Menschen, die diese Zeit nicht miterlebt haben, schwer, einen verständlichen Bericht zu erstatten, weil sie voll von Wundern war und an Wunder niemand glauben will. *Diese Wunder aber waren die Basis der 50er Jahre.*

Wir jungen „Heimkehrer" waren nämlich noch immer voll des Glücks, überlebt zu haben, unsere Angehörigen, unsere Freunde und auch einfach alle Menschen – selbst wenn wir sie vor dem Krieg nicht gekannt haben – als überlebt habend vorzufinden. Ja auch –

wenn es der Fall war – noch unsere Wohnstätten intakt waren. Natürlich gab es dann auch diesen Stich ins Herz, dieses Würgen an der Kehle, wenn es anders war. Wenn eines Mitmenschen Wohnung oder sein Leben oder das Leben seiner ganzen Familie zerstört worden war. Und dort – damals – wäre die Zeit gewesen, den Überlebenden, den Geschädigten zu helfen. In jeder Hinsicht. Damals. Heute riecht es nach „Geschäft", und das ist ein Geruch, den die damals Betroffenen nicht verdient haben. In ihrem Sinne schiene es mir richtiger zu sein, *heute* von anderen Menschen wieder bestialisch Behandelten jede, so auch materielle Hilfe zu geben.

Ein anderer diesmal positiver Aspekt der 50er Jahre, war das durch den Wiederaufbau des Landes entstandene GEBRAUCHTSEIN jedes einzelnen von uns. Das kann man sich heute kaum mehr vorstellen. Jeder Absolvent einer Schule, einer Lehre oder einer Universität wurde binnen kürzester Zeit „gebraucht", d. h. in den Arbeitsprozeß hereingenommen. Ja, es war oft nicht genügend Geld da, aber *dabei* konnte jeder sein. Dann war man halt einstweilen noch ein unbezahlter Gastarzt, aber gebraucht wurde man. Am Burgtheater bekam man als Regieassistent 10 Schilling pro Tag. Sicherlich, das war nicht viel, wenn auch ein bisserl mehr, als das heute klingt, nein, nicht viel, aber man war dabei. Man war gebraucht. Zum Kauf eines „Nierentisches" oder einer „Chinesenhutlampe" reichten diese Einkünfte noch nicht, aber – richtig – man war gebraucht.

Dieser Begriff des „GEBRAUCHT-SEINS" soll niemandem auf die Nerven gehen. Vor allem nicht, wenn man dabei bedenkt, daß das ja eigentlich bedeutet: SICH BEWÄHREN ZU KÖNNEN.

Da sind wir nämlich jetzt an einem ganz entscheidenden Punkt vom Zeitgeist der 50er Jahre angelangt. Dieses sich bewähren können/dürfen/müssen war schlicht das „RED BULL" dieser Zeit: … *es verlieh Flügel* …

Mich selbst zog es von einem Ort der Bewährung zum anderen, und es war hinreißend. Ob das BURGTHEATER, der Sender ROT-WEISS-ROT, die AUSTRIA WOCHENSCHAU oder das FERNSEHEN und immer wieder Theater, Theater, Theater – in Deutschland und in Österreich – hinreißend. Auch als Schauspieler mit Kottan zu ermitteln, wunderbar. Drehbücher schreiben – auch sehr schön. *Nur!* Die Zeit verging, und man merkte es kaum. Die 60er, die 70er, die 80er, 90er Jahre flogen vorüber, hinüber ins nächste Jahrhundert, ins nächste Jahrtausend, und jetzt sitzt ma auf einmal als a alter Vogel auf an ganz an alten Bam, und was tut man? MA ZWITSCHERT NOCH IMMER. *Sehen Sie und das ist das Ergebnis der 50er Jahre!*

Alltagschronik eines Jahrzehnts

1950, Jänner: In London werden die Staatsvertragsverhandlungen fortgesetzt.

Februar: Baubeginn des neuen Wiener Westbahnhofes

10. März: Österreichpremiere des Films „Der dritte Mann" im Wiener Apollokino.

31. März: Das Gesetz zum Schutz der Jugend vor Schmutz und Schund wird im Nationalrat beschlossen.

22. Mai: Die 254. Sitzung der Alliierten zum österreichischen Staatsvertrag endet ergebnislos.

3. Juni: Der Schwergewichtler Joschi Weidinger wird in Wien Europameister im Boxen.

21. Juni: Die Todesstrafe wird in Österreich abgeschafft.

28. Juni: Wiedereröffnung des Strandbades „Gänsehäufel" an der Alten Donau.

31. August: Die Lebensmittelrationierung wird aufgehoben.

September: Die Denkmäler von Johann Nestroy und der Pallas Athene werden restauriert.

26. September: Beginn einer kommunistischen Streikbewegung gegen das 4. Lohn-Preis-Abkommen, die bis zum 6. Oktober anhält.

Oktober: Die „Leistungsschau für den Wiederaufbau", eine Werkbundausstellung, ist im Wiener Kunstgewerbemuseum zu sehen.

30. November: Der Konsum eröffnet den ersten Selbstbedienungsladen Wiens.

Dezember: 3.000 Waschmaschinen und 48.453 PKW werden in Österreich registriert.

Das Projekt „Soziale Wohnkultur" (SW) der Gemeinde Wien, der Handels- und Arbeiterkammer sowie des ÖGB läuft an.

Die Selbstmordstatistik vermeldet für 1950 pro Hunderttausend Einwohner 34,1 Männer und 14,9 Frauen. Wien liegt damit nach Berlin an zweiter Stelle in Europa.

Im Rowohlt-Verlag erscheinen die ersten ro-ro-ro-Taschenbücher.

4. Dezember: Erste Neonbeleuchtung am Wiener Graben.

31. Dezember Bundespräsident Karl Renner stirbt.

1951, 19. Jänner: Der Kriegszustand zwischen Jugoslawien und Österreich wird aufgehoben.

29. April: Der Philosoph Ludwig Wittgenstein stirbt in Cambridge.

25. Mai: Die Schriftstellerin und Verfasserin der österreichischen Bundeshymne, Paula von Preradović, stirbt in Wien.

26. Mai: Die ersten Wiener Festwochen nach dem Krieg werden unter dem Motto „Unsterbliches Wien" eröffnet.

30. Mai: Der Schriftsteller Hermann Broch stirbt im amerikanischen Exil in New Haven.

22. Juni: Franz Jonas wird nach der Wahl Theodor Körners zum Bundespräsidenten Bürgermeister von Wien.

7. Juli: Hunderte Hausfrauen demonstrieren vor der Wiener Großmarkthalle gegen die hohen Fleischpreise.

13. Juli: Der Komponist Arnold Schönberg stirbt im Exil in Los Angeles.

5. August: Die Per-Albin-Hansson-Siedlung wird in Wien eröffnet.

17. August: Alban Bergs Oper „Wozzeck" wir im Rahmen der Salzburger Festspiele aufgeführt.

20. August: Die Einführung von zwei fleischlosen Tagen in der Woche wird beschlossen.

Deutsche Touristen dürfen erstmals seit 1945 zu einem einmonatigen Aufenthalt nach Westösterreich reisen.

Ende August: Das erste deutschsprachige Micky-Maus-Heft wird ausgeliefert.

September: In Wien werden das Carl-Theater und das Sühnhaus abgebrochen.

21. September: Einführung der Wohnungsbeihilfe.

22. September: Eröffnung der Limberg-Sperre des Kraftwerkes Kaprun.

Oktober: Höchster Beschäftigtenstand seit 1918.

November: Der Sender Rot-Weiß-Rot überträgt aus dem Wiener Konzerthaus „Die große Chance" mit Maxi Böhm.

24. November: Heimito von Doderers Roman „Die Strudlhofstiege" erscheint.

16. Dezember: Der Wiener „Art-Club" findet im Kellerlokal „Strohkoffer" im Kärntner-Straßen-Durchgang seine neue Unterkunft.

1952, 1. März: Die Kammerspiele in der Wiener Rotenturmstraße werden als Filialbetrieb des Theaters in der Josefstadt eröffnet.

2. April: Neue Ehrenzeichen für Verdienste um die Republik Österreich werden vom Nationalrat beschlossen.

26. April: Feierlicher Einzug der neugegossenen Pummerin-Glocke in den wiederhergestellten Stephansdom.

12. Juli: Das erste Sommerkonzert findet mit den Wiener Symphonikern im Arkadenhof des Wiener Rathauses statt.

18. Juli: Der Nationalrat beschließt eine Amnestie für belastete Nationalsozialisten.

22. Juli: Die Einschränkung des Fleischkonsums wird aufgehoben.

28. Oktober: Die Regierung Figl-Schärf III wird angelobt.

19. November: Welturaufführung des von der österreichischen Bundesregierung in Auftrag gegebenen Filmes „1. April 2000" in Wien.

Der Frankfurter Fischer-Verlag beginnt mit seiner Taschenbuch-Produktion.

1953: Die in Stuttgart herausgegebene Zeitschrift „Hobby. Das Magazin der

Technik" erscheint erstmals und wird auch in Österreich häufig gelesen.

Jänner: Ein Boogie-Woogie-Tanzwettbewerb findet im Wiener Konzerthaus statt.

11. Jänner: Sepp Bradl gewinnt die Skisprungtournee in Garmisch, Oberstdorf, Innsbruck und Bischofshofen.

23. März: Die Regierungsbildung Leopold Figls scheitert, Julius Raab wird mit der Bildung einer weiteren Koalitionsregierung beauftragt.

2. April: Die Regierung Raab/Schärf angelobt.

1. Juli: Amtlich wird bekanntgegeben: Für den Bezug von Lebensmitteln sind keine Karten mehr notwendig.

Der Marshallplan, die Wirtschaftshilfe der USA an Österreich, läuft aus.

14. August: Der Alliierte Rat beschließt, die Zensur in allen Zonen aufzuheben.

11. September: Die Beschränkungen im Reise- und Güterverkehr innerhalb Österreichs werden aufgehoben.

24. September: Der aus dem Exil zurückgekehrte Schriftsteller und Regisseur Berthold Viertel stirbt in Wien.

18. Oktober: Grundsteinlegung zur Wiener Stadthalle, geplant von Architekt Roland Rainer.

1954, 19. Februar: Die Regierung stellt 480 Millionen Schilling zum Ausbau der Bundesstraßen bereit.

25. März: Vertreter von Kunst und Wissenschaft demonstrieren in Wien gegen das geringe Kulturbudget.

3. April: Die Bundesregierung ordnet an, daß von der bisher üblichen Beflaggung der Bundesgebäude am 13. April, dem „Tag der Befreiung", abzusehen ist.

Mai: Der Film „Die letzte Brücke" läuft in Wien an.

Max Weiler- Ausstellung in Salzburg.

27. Mai: Der Schriftsteller und Graphiker Fritz von Herzmanovsky-Orlando stirbt auf Schloß Rametz in Südtirol.

2. Juli: Die letzte Nummer der US-Zeitung „Wiener Kurier" erscheint, sie wird als unabhängiges Blatt unter dem Titel „Neuer Kurier" fortgesetzt.

17. Juli: Baubeginn für die Autobahn Wien–Salzburg.

1. Oktober: Die Arbeiten für das Donaukraftwerk Ybbs-Persenbeug werden aufgenommen.

November: Das Österreichische Kulturinstitut in Paris wird eröffnet.

Dezember: Die Einnahmen aus dem Fremdenverkehr betragen 2 Milliarden Schilling an Devisen.

Die ersten Ullstein-Taschenbücher erscheinen.

Der Autofahrerclub ÖAMTC wird gegründet.

Der „club exil", eine Vorform der „Wiener Gruppe", wird eröffnet; zuvor bereits war die „Galerie nächst St. Stephan" unter Leitung von Monsignore Otto Mauer entstanden, in der sich die Maler Mikl, Hollegha, Prachensky, Rainer, Oberhuber u. a. einfinden.

Die Vertreter der „Wiener Schule des Phantastischen Realismus", Ernst

Fuchs, Wolfgang Hutter, Arik Brauer und Anton Lehmden, treten erstmals in Erscheinung.

Der „Wurlitzer"-Musikautomat hält in zahlreichen Lokalen seinen Einzug.

1955, 9. März: Bundeskanzler Raab stellt im Parlament fest, daß der Anschluß Österreichs an die Weltwirtschaft vollzogen sei.

11. April: Eine Regierungsdelegation mit Bundeskanzler Raab, Vizekanzler Schärf, Außenminister Figl und Staatssekretär Kreisky reist zu Staatsvertragsverhandlungen nach Moskau.

24. April: Der Schriftsteller Alfred Polgar stirbt im Exil in Zürich.

Der Wiener Bürgermeister Franz Jonas gibt bekannt, daß seit 1945 30.000 Gemeindewohnungen errichtet wurden. Der Wohnungswiederaufbaufonds hat in diesem Zeitraum 7.018 Anträge bewilligt.

15. Mai: Unterzeichnung des Österreichischen Staatsvertrages im Schloß Belvedere in Wien.

An diesem Tag bricht erstmals der Verkehr in Wien zusammen.

4. Juni: In Wr. Neustadt trifft der erste größere Heimkehrertransport gemäß der Moskauer Verhandlungen ein.

7. Juni: Der Nationalrat nimmt einstimmig den Staatsvertrag und die Neutralitätserklärung an.

14. Juni: Der Wiener Ringturm wird eröffnet.

26. Juli: Ende des US-Senders Rot-Weiß-Rot und der „Russischen Stunde".

27. Juli: Der Staatsvertrag tritt in Kraft; ab jetzt erfolgen die Übergabe der besetzten Betriebe und der etappenweise Abzug der Besatzungssoldaten.

1. August: Die erste österreichische Fernsehsendung wird ausgestrahlt.

21. September: Die sowjetischen Besatzungstruppen räumen das Stadtschulratsgebäude, das Hotel Imperial, das Theresianum, das Schloß Laxenburg und den Truppenübungsplatz Döllersheim.

27. September: Die USA übergeben alle Gebäude und Einrichtungen der amerikanischen Streitkräfte an Österreich.

15. Oktober: Das wiederaufgebaute Burgtheater wird mit Grillparzers „König Ottokars Glück und Ende" eröffnet.

25. Oktober: Spanische Reitschule wiedereröffnet.

26. Oktober: Dieser Tag wird zum „Tag der Fahne" erklärt.

4. November: Fertigstellung der Wiener Opernpassage.

5. November: Feierliche Eröffnung der wiederaufgebauten Staatsoper mit Ludwig van Beethovens „Fidelio".

2. Dezember: Die FPÖ wird mit einem Bekenntnis zur Eigenstaatlichkeit Österreichs und zur „deutschen Volks- und Kulturgemeinschaft" als Nachfolgepartei der VdU (Verband der Unabhängigen) gegründet.

3. Dezember: Der neuerbaute Grazer Hauptbahnhof wird eröffnet.

14. Dezember: Aufnahme Österreichs in die UNO.

31. Dezember: Der österreichische Rundfunk vermeldet 1,735.584 Teilnehmer.

1956, Jänner: Louis Armstrong tritt in Wien auf, ein Jazzrummel mit Fatty George in der Wiener Innenstadt wird von der Polizei aufgelöst.

7. Jänner: Beim Lauberhornrennen im Schweizer Wengen siegt Toni Sailer vor Josl Rieder und Othmar Schneider.

26. Jänner bis 5. Februar: Weltmeisterschaft und Olympische Winterspiele in Cortina d'Ampezzo: Abfahrt, Slalom und Riesenslalom der Herren gewinnt Toni Sailer, beim Eiskunstlauf der Damen erringt Ingrid Wendl den 3. Platz.

9. Februar: Erster Opernball seit 18 Jahren.

14. April: Das Gebäude der Wiener Börse fällt einem Großbrand zum Opfer.

9. Mai: Franz König wird zum Erzbischof von Wien ernannt.

29. Juni: Die zweite Regierung Raab/Schärf tritt ihr Amt an.

August: In Parsch bei Salzburg wird ein moderner Kirchenbau der „Arbeitsgruppe 4", der Architekten Holzbauer, Spalt und Kurrent, eröffnet.

Die Jugendzeitschrift „Bravo" des Münchener Kindler-Verlages erscheint erstmals.

1. September: Herbert von Karajan übernimmt anstelle von Karl Böhm die Leitung der Wiener Staatsoper.

29. September: Der neue Südbahnhof in Wien wird eröffnet.

23. Oktober: Beginn des Aufstandes in Ungarn, in der Folge nimmt Österreich 152.218 Flüchtlinge auf.

8. November: Anna Demel, Besitzerin der bekannten Hofkonditorei, stirbt in Wien.

Dezember: Rund 300.000 Kriminal-, Heimat- und Liebesromane werden in Österreich gelesen.

Elvis Presley verkauft 8 Millionen Schallplatten.

Heinz Zemanek baut die erste Großrechenanlage Österreichs.

1957, 1. Jänner: Beginn des regelmäßigen Fernsehbetriebes in Österreich.

4. Jänner: Bundespräsident Theodor Körner stirbt in Wien.

19. Jänner: Beim Hahnenkammrennen in Kitzbühel siegt Toni Sailer vor Anderl Molterer, Josl Rieder und Hias Leitner.

30. Jänner: Das „Österreichische Bauzentrum" wird im Wiener Palais Liechtenstein eröffnet.

12. März: Die „Paritätische Kommission" für Lohn- und Preisfragen zwischen Sozialpartnern und Regierung wird gebildet.

8. April: Erstmals wird die Rundfunksendung „Autofahrer unterwegs" aus dem Wiener AEZ übertragen.

6. Juli: Das Kamptalkraftwerk Ottenstein wird in Betrieb genommen.

5. Mai: Vizekanzler Schärf wird zum Bundespräsidenten gewählt, Bruno Pittermann wird drei Tage später SPÖ-Parteivorsitzender und Vizekanzler.

1. August: Wiens Polizeipräsident Holaubek kündigt Maßnahmen gegen „Halbstarke" an.

September: Das Musical „Kiss Me Kate" läuft in Wien an.

16. Oktober: Der Operettenkomponist Ralph Benatzky stirbt in Zürich.

Mit dem Programm „Glasl vor'm Aug" feiert die Kabarettgruppe um Helmut Qualtinger, Gerhard Bronner, Peter Wehle, Georg Kreisler, Louise Martini und Carl Merz im Intimen Theater in der Wiener Liliengasse 3 große Erfolge.

1958, 2.–9. Februar: Bei den Skiweltmeisterschaften in Badgastein siegt Toni Sailer bei Abfahrt, Riesenslalom und in der Kombination.

März: Die ersten Camping-Busse werden angeboten.

9. März: Karl Schranz und Josephine Frandl werden Kandaharsieger.

31. März: Jungfernflug der AUA nach London.

26. April: Das Autobahnteilstück Salzburg–Mondsee wird dem Verkehr übergeben.

Mai: Die erste, von Karl Schwanzer geplante Stockwerksgarage wird am Hohen Markt fertiggestellt.

9. Mai: Das Österreichische Barockmuseum im Unteren Belvedere in Wien wird eröffnet.

21. Juni: Die Wiener Stadthalle, erbaut von Roland Rainer, wird in Betrieb genommen.

23. Juni: Dorothea Zeemann weist im „Neuen Kurier" erstmals auf die „Wiener Dichtergruppe", bestehend aus Achleitner, Artmann, Bayer, Rühm und Wiener, hin.

3. September: Der Beschäftigtenstand erreicht mit 2.271.781 Personen einen neuen Rekord.

19. Oktober Die neue Wachaustraße wird eröffnet.

November: Duke Ellington gastiert in Wien. Der Klarinettist Fatty George eröffnet am Wiener Petersplatz sein Jazzlokal „Fatty's Saloon".

Dezember: Im Jahr 1958 werden an der italienischen Adria 1,7 Millionen Übernachtungen von österreichischen Touristen gezählt.

H. C. Artmann publiziert seinen Band mit Dialektgedichten „med ana schwoazzn dintn".

1959, 24. Jänner: Lou van Burgs Sendung „Jede Sekunde ein Schilling" läuft im Fernsehen an.

Februar: Karl Schranz wird zum drittenmal Kandaharsieger, Hanna Walter wird Europameisterin im Eiskunstlauf.

Die Spannungen mit Italien um die Südtirolfrage nehmen zu.

1. Februar: In Österreich tritt die 45-Stunden-Woche in Kraft.

22. Februar: Andreas-Hofer-Feiern in Wien; Louis Armstrong gastiert in der Wiener Stadthalle.

16. März: In Wien werden Kurzparkzonen eingeführt.

28.–30. März: Die Österreichischen Bundesbahnen verzeichnen einen Rekordreiseverkehr.

11. April: Die 1944 eingestellte „Kronen-Zeitung" erscheint unter der Leitung von Hans Dichand erneut.

23. April: Das Historische Museum der Stadt Wien wird fertiggestellt.

30. April: Der schwerbeschädigte Salzburger Dom wird feierlich wiedereröffnet.

6. Mai: Spatenstich zur Südautobahn Wien–Wr. Neustadt.

29. Mai: Abschluß der Elektrifizierungsarbeiten an der Semmeringstrecke Gloggnitz–Mürzzuschlag.

31. Mai: Der Schnellbahnverkehr Hauptzollamt–Floridsdorf wird in Wien aufgenommen.

28. Juni: Der Wienerliedkomponist und -Interpret Hermann Leopoldi stirbt in Wien.

16. Juli: Regierung Raab III gebildet.

23. November: Josef Meinrad erhält im Burgtheater den Iffland-Ring.

4. Dezember: Der Schauspieler und Regisseur Hubert Marischka stirbt in Wien.

Ende Dezember: Insgesamt 127.402 Fernsehteilnehmer sowie 348.852 PKW-Besitzer werden in Österreich registriert, fast 40 Millionen Übernachtungen mit Deviseneinnahmen von 5,3 Milliarden Schilling gezählt.

Die Vertreter der „Wiener Schule des Phantastischen Realismus" stellen im Oberen Belvedere aus.

Die „Exl-Bühne" in der Wiener Praterstraße, die „Insel" in der Johannesgasse und das „Neue Schauspielhaus" an der Philadelphiabrücke werden in Kinos verwandelt; das „Bürgertheater" auf der Landstraße und die „Scala" in der Favoritenstraße werden demnächst abgerissen.

Das reale Bruttonationalprodukt ist am Ende des Jahrzehnts doppelt so hoch wie 1937. 1960 wird die höchste Konsum-Zuwachsrate seit 1955 verzeichnet werden, und die privaten Familienausgaben erhöhen sich um 7 auf insgesamt 92 Milliarden Schilling.

230.000 Waschmaschinen finden sich in den österreichischen Haushalten.

Literatur

ALBRICH, Thomas, Klaus EISTERER u.a. (Hrsg.), Österreich in den Fünfzigern (= Innsbrucker Forschungen zur Zeitgeschichte, Bd. 11). Innsbruck/Wien 1995.

BECHER, Ursula A., Geschichte des modernen Lebensstils. Essen – Wohnen – Freizeit – Reisen. München 1990.

BONGARD, Willi, Fetische des Konsums. Portraits klassischer Markenartikel. Hamburg 1964.

BRUCKMÜLLER, Ernst, Nation Österreich. Kulturelles Bewußtsein und gesellschaftlich-politische Prozesse (= Studien zu Politik u. Verwaltung, Bd. 4). Wien/Köln/Graz 1996.

BURGER, Johann u. Elisabeth MORAWEK (Hrsg.), 1945 / 1995. Entwicklungslinien der Zweiten Republik. Wien 1995.

DENSCHER, Bernhard (Red.), Tagebuch der Straße. Geschichte in Plakaten. Hrsg. v. d. Wr. Stadt- u. Landesbibliothek. Wien 1981.

ERGERT, Viktor, 50 Jahre Rundfunk in Österreich. Bd. II: 1945–1955; Bd. III: 1955–1967. Salzburg 1975, 1977.

FLECK, Robert, Avantgarde in Wien. Die Geschichte der Galerie nächst St. Stephan. Wien 1954–1982. Wien 1983.

FRITZ, Walter, Kino in Österreich 1945–1983. Wien 1984.

FRITZ, Walter, Im Kino erlebe ich die Welt. 100 Jahre Kino und Film in Österreich. Wien/München 1997.

GRAFL, Franz, Praterbude und Filmpalast. Wiener Kino-Lesebuch. Wien 1993.

HOBSBAWM, Eric, Das Zeitalter der Extreme. Weltgeschichte des 20. Jahrhunderts. München/Wien 1995.

HOFBAUER, Hannes, Westwärts. Österreichs Wirtschaft im Wiederaufbau. Wien 1992.

HÜGEL, Hans-Otto u. Gert ZEISLER (Hrsg.), Die süßesten Früchte. Schlager aus den Fünfzigern. Frankfurt a. M./Berlin 1992.

JAGSCHITZ, Gerhard u. Klaus Dieter MULLEY (Hrsg.), Die „wilden" fünfziger Jahre. Gesellschaft, Formen und Gefühle eines Jahrzehnts in Österreich. St. Pölten/Wien 1985.

KERSCHBAUMER, Gert u. Karl MÜLLER, Begnadet für das Schöne. Der rot-weiß-rote Kulturkampf gegen die Moderne. Wien 1992.

KLEINDEL, Walter, Österreich. Daten zur Geschichte und Kultur. Wien/Heidelberg 1978.

KOCENSKY, Josef (Hrsg.), Dokumentation zur österreichischen Zeitgeschichte 1945–1955. Wien/München 1970.

KOS, Wolfgang, Eigenheim Österreich. Zu Politik, Kultur und Alltag nach 1945. Wien 1994.

MAASE, Kaspar, BRAVO Amerika. Erkundungen zur Jugendkultur der Bundesrepublik in den fünfziger Jahren. Hamburg 1992.

MAASE, Kaspar, Grenzenloses Vergnügen. Der Aufstieg der Massenkultur 1850–1970. Frankfurt/M. 1997.

MAURER, Philipp u. Gerhard JATZEK, Gegentöne. Kritische Lieder – rebellischer Rock. Wien 1987.

MENASSE, Robert, Die sozialpartnerschaftliche Ästhetik. Essays zum österreichischen Geist. Wien 1990.

MENASSE, Robert, Das Land ohne Eigenschaften. Essay zur österreichischen Identität. Wien 1992.

NIERHAUS, Irene, Kunst-am-Bau im Wiener kommunalen Wohnbau der fünfziger Jahre. Wien/Köln/Weimar 1993.

PETSCHAR, Hans u. Georg SCHMID, Erinnerung & Vision. Die Legitimation Österreichs in Bildern. Eine semiohistorische Analyse der Austria Wochenschau 1949–1960. Graz 1990.

PORTISCH, Hugo u. Sepp RIFF, Österreich II. Der lange Weg zur Freiheit. Wien 1986.

RAINER, Roland, Dekorationen ersetzen Konzepte nicht (= Kulturstudien, Sonderbd. 6). Wien/Köln 1990.

RAINER, Roland, An den Rand geschrieben. Wohnkultur – Stadtkultur. Wien/Köln/Weimar 2000.

RAUCHENSTEINER, Manfried, Die Zwei. Die Große Koalition in Österreich 1945–1966. Wien 1987.

RAUCHENSTEINER, Manfried, Der Sonderfall. Die Besatzungszeit in Österreich 1945 bis 1955. Graz/Wien/Köln 1979.

RAUCHENSTEINER, Manfried, Spätherbst 1956. Die Neutralität auf dem Prüfstand. Wien 1981.

RUPPERT, Wolfgang (Hrsg.), Fahrrad, Auto, Fernsehschrank. Zur Kulturgeschichte der Alltagsdinge. Frankfurt/M. 1993.

SANDGRUBER, Roman, Ökonomie und Politik. Österreichische Wirtschaftsgeschichte vom Mittelalter bis zur Gegenwart. Wien 1995.

SANDGRUBER, Roman, Der Wagen ins Wunder. „Die Presse"/Spectrum, 31. 5. 1997.

SANDGRUBER, Roman u. a. (Hrsg.), Magie der Industrie. Leben und Arbeiten im Fabrikszeitalter. Katalog d. NÖ. Landesausstellung, Wien 1989.

STADTCHRONIK Wien. 2000 Jahre in Daten, Dokumenten und Bildern. Wien/München 1986.

STOURZH, Gerald, Geschichte des Staatsvertrages 1945–1955. Österreichs Weg zur Neutralität. Graz/Wien/Köln 1980.

VEIGL, Hans, Die 50er und 60er Jahre. Geplantes Glück zwischen Motorroller und Minirock. Wien 1996.

VEIGL, Hans, Kabarett zwischen Wiedergutmachung, Wiederaufbau und Wirtschaftswunder. Karl Farkas und der Simpl 1950 bis 1971. In: Marcus G. Patka u. Alfred Stalzer (Hrsg.), Die Welt des Karl Farkas (= Wiener Persönlichkeiten, Bd. 2). Begleitpublikation zur Ausstellung des Jüdischen Museums der Stadt Wien. Wien 2001.

WAECHTER-BÖHM, Liesbeth (Hrsg.), Wien 1945 davor / danach. Wien 1985.

WAGNLEITNER, Reinhold, Coca-Colonisation und Kalter Krieg. Die Kulturmission der USA in Österreich nach dem Zweiten Weltkrieg. Wien 1991.

WILDT, Michael, Vom kleinen Wohlstand. Eine Konsumgeschichte der fünfziger Jahre. Frankfurt/M. 1996.

ZIAK, Karl (Red.), Wiedergeburt einer Weltstadt. Wien 1945–1965. Wien/München 1965.

Bildnachweis

APA, S. 23, S. 31, S. 69

Archiv Hans Veigl, S. 24 oben und unten, S. 25, S. 48, S. 70, S. 71, S. 77, S. 83, S. 90, S. 130, S. v, S. VI

Bravo, Juni 1958, S. 17; März 1959, S. 37, S. 46, S. 116; März/April 1958, S. 49

Baur, Karl, Mit Büchern wohnen, 1958, S. 20, S. 21

Funk und Film, Jg. 1954, S. 11 rechts, S. 12, S. 13, S. 14, S. 16, S. 19, S. 22, S. 23 oben , S. 42, S. 52, S. 69, S. 74, S. 75, S. 76, S. 79, S. 136, S. 144, S. 150, S. 152

Große Österreich-Illustrierte, 15. 9. 1951, S. 10, S. 139; 14. 3. 1953, S. 18, S. 32; 12. 7. 1958, S. 23 unten; 9. 6. 1951, S. 26; S. 32; 8. 8. 1959, S. 91; 11. 4. 1953, S. 101, 22. 9. 1951, S. 103; 31. 12. 1955, S. 106; 6. 8. 1955, S. 110 u. 111; 28. 11. 1954, S. 114; 9. 2. 1952, S. 118; 21. 2. 1953, S. 122, 123; 19. 7. 1958, S. 125; 8. 8. 1959, S. 133; 1. 10. 1960, S. III

Hügel, Hans-Otto u. Gert Zeisler (Hg.), Die süßesten Früchte, 1992, S. 51, S. 53

Karl Farkas-Archiv / Thomas Sessler-Verlag, Wien, S. 60

Österreichisches Kabarett-Archiv, S. 65, S. 67, S. 68

ÖNB Bildarchiv, S. 62

Foto: Dagmar Koller, S. 140

Joka-Prospekt, S. XI

Kurier, Sonderbeilage, April 1995, S. 117

Quick, 9. 6. 1956, S. 9; 26. 12. 1959, S. 45

Rainer, Roland, An den Rand geschrieben, 2000, S. 133, S. 134, S. 135

Ratgeber für Haus und Familie, August 1958, S. 15; Dezember 1958, S. 54; April 1958, S. 134; Juli 1958, S. 138

Revue, 8. 9. 1956, S. 11 links

Stern, 15. 5. 1957, S. 39, S. 44; 10. 10. 1959, S. 128

Tagebuch der Straße – Geschichte in Plakaten, 1981, S. 80, S. 98, S. ii, S. IV, S. VII, S. VIII, S. ix, S. x oben, S. X unten, S. XII

Wiener Bilderwoche, 6. 3. 1954, S. 120, S. 137

Register

Absender: Bekö
zur Zeit Semmelbach

Sonderkorrespödenzkarte

An die Redaktion!

Bin gut in Semmelbach angekommen. Leider gibt es hier keine Dunkelkammer, wo ich die Filme für die gewünschte Fotoreportage in meine Agfa-Box einlegen konnte. Als ich es dann im Kuhstall vom Edwirt machen wollte, hat die Bleß gedacht es ist Fütterung, und die Filme aufgefressen. Darum mußte ich leider zum Zeichenstift greifen. Und hier ist meine Dokumentarreportage vom „SEMMELBACHER KIRTAG"!

Gruß Bekö

An
Groß Österreich
„Illustrierte"
Wien

BESUCHT DEN SEMMELBACHER KIRTAG